教育の社会学

（新訂）教育の社会学（'25）

©2025　本田由紀・中村高康

装丁デザイン：牧野剛士
本文デザイン：畑中　猛

s-86

まえがき

　現代において、「教育」は誰もがなんらかの形で経験しているものであり、それゆえ誰もが自身の経験や記憶に即してなんらかの感想や意見をもっている。また「社会学」は、バラエティ番組のコメンテーターであれば誰もが社会学者を名乗ってよいかのような通俗化されたイメージが広がってしまっている。この「教育」を対象とする「社会学」である教育社会学は、居酒屋談義や評論家のコメントと大差ないかのように思えてしまうかもしれない。

　しかし、実際の教育社会学はそのようなものではまったくない。本書の各章で説明されるように、近代化以降の社会変動を把握しようと苦闘してきた学問である社会学は、その過程できわめて多彩な理論や概念を発展させてきた。また、社会現象を緻密に捉えるための調査や分析の手法も、日々進展を遂げている。そして教育社会学は、学校教育における格差や進路選択だけではなく、家族、仕事、政治、福祉など教育と密接な関係をもつ諸領域との複雑な関係や、国境を越えて広がる変動をも研究の対象としてきた。

　本書は、このように大きな射程をもつ学問分野としての教育社会学の一端を、初学者の方々に垣間見ていただくことを目的としている。学術研究の紹介ということに力点をおいたため、やや難度が高くなっているかもしれない。しかし、教育社会学をわかりやすく噛み砕いて伝える教科書は他に多数刊行されているので、本書はそれらとの差別化をも意図しており、この分野に関心をもっていただけたならばそうした他の教科書もひもといてみていただきたい。

　本書の各章の執筆においては、以下の事柄をできるだけ含むように努

めた。各章の冒頭では、その章のテーマに関連する身近な事象やデータを示して、取り上げる内容が私たちの生活や人生と切り離せない切実さをもっていることを感じてもらうようにした。そのうえで、そのテーマを教育社会学が把握するために、いかなる理論や概念を生み出し磨き上げてきたかを説明している。また、日本国内の現象や研究だけではなく、世界的な状況や研究動向についても可能な限り触れ、日本の教育について相対化できるようにした。さらに、そのテーマに関する現象も研究も不断に変化や発展を遂げているため、いまだ多くの現実的および学術的な課題が残されていることにも言及した。章の内容により、節構成は柔軟に組み替えているが、上記の内容は可能な限り盛りこむようにした。

　各章の記述には他の章と深く関わる点も含まれるため、その場合は【☞第○章】という形で、参照すべき他章を記してある。また、重要な語句は太字で示した。

　執筆の過程で痛感されたのは、各章のテーマをこれだけの短い文章でまとめることの難しさであった。もっと書いておきたいこと、参照したい文献は数限りなくあるが、涙を呑んで割愛し、一定の分量に収めた。それゆえなおいっそう、本書は教育社会学を学ぶための糸口として位置づけていただき、各章末の学習課題にも示してあるように、学習者は教育に関わる事象や研究蓄積を、ぜひ自ら調べてみていただきたい。

　本書の5名の執筆者はすべて、東京大学大学院教育学研究科比較教育社会学コースに2023年度に在任していた研究者である。5名のそれぞれが、これまで研究を展開してきた、あるいは研究関心をもっているテーマについて、3章ずつを執筆した。それゆえ本書は執筆者の私たちにとっても、2023年度という時点の本コースの研究内容のスナップショットとしての意味をもつものであり、格別の感慨がある。

　本書が学習者にとって、教育現象を見る際の視線や、そのあり方を考

える際に思い浮かぶ語彙を変え、残されている多くの課題に取り組んでゆくきっかけを与えるものとなることを願う。

2024年11月　執筆者を代表して　本田由紀

目 次

まえがき　　本田由紀　　3

1 | 教育社会学とはどのような学問か ｜ 中村高康　11

1．教育社会学とはどのような学問か　12

2．教育社会学ではどのようなことが明らかにされてきたか　15

3．日本の教育社会学はどのような特徴をもっているか　18

4．教育社会学の課題　21

2 | 近代社会と教育 ｜ 仁平典宏　25

1．近代社会と教育の機能　26

2．近代的な教育の特徴　28

3．拡大する教育　31

4．日本における近代化の特徴　34

5．飽和する近代　36

3 | 教育社会学の研究方法（1）量的研究 ｜ 多喜弘文　39

1．量的調査の特徴　40

2．教育社会学における量的研究の基本概念　42

3．教育社会学における量的研究の展開　46

4．量的研究をめぐる課題　51

4 | 教育社会学の研究方法（2）質的研究 | 額賀美紗子 54

1．質的研究の特徴 55
2．教育社会学における多様な質的研究のアプローチ 58
3．教育社会学における質的研究の貢献 63
4．質的研究をめぐる課題 66

5 | 学校の社会学（1）教育の内容と方法 | 中村高康 69

1．教育社会学は「教育の内容と方法」を
どのように議論してきたか 71
2．「教育の内容と方法」について
どのようなことが明らかにされてきたか 75
3．世界の中の「教育の内容と方法」 78
4．「教育の内容と方法」をめぐる課題 81

6 | 学校の社会学（2）教育と選抜 | 中村高康 84

1．教育社会学は「選抜」をどのように議論してきたか 85
2．「選抜」についてどのようなことが
明らかにされてきたか 90
3．世界の中の「選抜」 92
4．「選抜」をめぐる課題 94

7 | 学校の社会学（3）多様化する高等教育 | 多喜弘文 97

1．教育社会学は高等教育をどのように議論してきたか 98
2．高等教育の発展段階と多様化 101
3．世界の中の高等教育の多様化 107
4．多様化する高等教育をめぐる課題 110

8 | 教育政策の社会学　　　｜ 本田由紀　112

1．教育社会学は教育政策をどのように議論してきたか　113

2．教育政策についてどのようなことが明らかにされてきたか　116

3．世界の中の教育政策　120

4．教育政策をめぐる課題　123

9 | 教育問題と逸脱　　　｜ 仁平典宏　126

1．社会問題の2つの見方　127

2．社会問題研究のパラダイム　129

3．教育社会学が捉える非行・いじめ・不登校　134

4．自らの足場を省みる　137

10 | 教育機会の不平等　　　｜ 多喜弘文　139

1．教育社会学は教育機会の不平等をどのように議論してきたか　140

2．教育機会の不平等についてどのようなことが明らかにされてきたか　144

3．世界の中の機会の不平等と教育　147

4．教育機会の不平等をめぐる課題　149

11 | 家族と子育て　　　｜ 額賀美紗子　152

1．教育社会学は「家族と子育て」をどのように議論してきたか　154

2．「家族と子育て」についてどのようなことが明らかにされてきたか　158

3．世界の中の「家族と子育て」　161

4．「家族と子育て」をめぐる課題　165

12 | ジェンダーと教育 　　　| 本田由紀　168

1．教育社会学はジェンダーをどのように議論してきたか　169

2．ジェンダーと教育についてどのようなことが
明らかにされてきたか　172

3．世界の中のジェンダーと教育　176

4．ジェンダーと教育をめぐる課題　179

13 | 仕事と教育 　　　| 本田由紀　181

1．教育社会学は「就職」をどのように議論してきたか　182

2．「就職」についてどのようなことが明らかにされてきたか　185

3．世界の中の「就職」　190

4．「就職」をめぐる課題　191

14 | グローバル化の中の教育 　　　| 額賀美紗子　194

1．教育社会学は「グローバリゼーションと教育」を
どのように議論してきたか　195

2．「移民の子どもと教育」についてどのようなことが
明らかにされてきたか　199

3．世界の中の「移民の子どもと教育」　204

4．「移民の子どもと教育」をめぐる課題　206

15 | 社会保障と教育 　　　| 仁平典宏　209

1．社会保障というテーマと教育社会学　210

2．福祉国家の類型と再編　216

3．教育と社会保障の重なりと相克　217

4．ableistic society を越えて　219

引用文献リスト　221

索　引　241

1 | 教育社会学とはどのような学問か

中村高康

《目標＆ポイント》 教育現象を理解するためにはさまざまな分析視角がありうるが、その中で教育社会学がもっている特徴は何か。本章では、教育を社会学的に探究するこの学問領域の性格を、その歴史やさまざまな学説を紹介しながら概説する。
《キーワード》 教育学、社会学、社会的事実、社会的行為、教育社会学の社会貢献類型

はじめに

　以下は、英語教育改革についてのある国会議員の新聞紙上でのコメントである。まずはこちらを紹介したい。

　　「私も副大臣や政務次官として国際会議に出ました。公式な会合は通訳がつきますが、大事なのはその前のあいさつから始まって、夜のパーティーとか、みんなでわいわいやっている場での会話です。それが次の会合に生きてくる。でも悔しいことに英語で話せない。中高で6年もやったのに。そんな英語教育を直しましょうよ。」

　　　　　　　　　　　　　　　　（『朝日新聞』2013年5月1日朝刊より）

　皆さんはこのコメントを見てどう思うだろうか。「いやーそんなことはないよ、私の場合は…」とか「確かに自分の勤め先でも英語が話せないと…」など、さまざまな意見が心に浮かんでいるのではないだろうか。

だが、ここで問いたいのは、今皆さんが考えた意見が何を論拠にしているのかということである。おそらく英語や教育の専門家でもないかぎり、多くの人は論拠が「自分の体験」になっているのではないか。実は教育について語る時、私たちはかなりの頻度で、「自分の体験」をもとにして語っている。上の国会議員氏の発言もまさにそれである。しかし、この時に慎重にならなければならないのは、「自分の体験」のうえでは良かった教育が、異なる条件のもとに置かれた人にとっては良い教育だとはいえないことが結構あるということである。

ここに、教育を論じることの難しさがある。なぜなら、教育はほとんどすべての人にとって「自分の体験」がある現象だからである。だから、こうした「自分の体験」から抜け出すことが教育を冷静に捉えるための第一歩となる。この章では、その1つの有力な手段として教育社会学を考えてみたい。

1. 教育社会学とはどのような学問か

1.1 社会学で議論されてきた「社会」

体験的な教育論になりがちな教育論議にどのような視点をもちこんだら冷静な議論を呼びこむことができるだろうか。それはおそらく個人の体験を越えうる大きな視点が必要ということだ。たとえば、科学は客観的データや分析によって個人を乗り越え、歴史は長いタイムスパンを利用して個人を乗り越える視点を提供する。しかしもっと身近なところで私たちは個人を越える手段を考えることができる。それが「社会」である。社会という視点をもちこむことで、自分の教育体験を相対化していく。それが教育社会学の1つの特徴といえる。

しかし、今度は「社会」とは何かということが問題となる。社会の見方にはさまざまなものがあるが、ここで頼るべきは、社会をまさに研究

対象としている社会学ということになる。

「個人を越えた何物か」を社会学の観察対象として明確化したといわれるのは、フランスの古典的社会学者**デュルケム**である。デュルケムはその著『**社会学的方法の規準**』の中で、個人の外側にあり、時として拘束力をもって迫ってくる存在があることに注目し、そうした個人や有機体の現象の総和として説明されない集合的現象（たとえば、法律、制度、規範や集団感情など）を**社会的事実**とよんだのである（Durkheim 1895＝1978）。

しかし、その一方で「社会」を構成しているのはあくまでも個人であるという考え方も根強い。たとえば、主流派経済学（新古典派経済学）は方法論的個人主義をとっているとされ、個々の経済単位（企業、家計、個人など）の合理的判断の集積として経済現象を説明しようとするツールをもっている。そうした個人主義的観点から社会を見るのも一案である。ただし、個人の合理的行為にもまた社会的側面がある。つまり、個人単独の損得計算や感情、生理的欲求とは相対的に独立する形で、私たちに外在する人間集団を意識しながら行為するのも日常なのである。そうした側面に注目し、さまざまな行為のうち、他者に向けられた、あるいは他者を参照した行為を「**社会的行為**」として、社会学的主題としたのが、**ウェーバー**である（Weber 1922＝1972）。そして、その社会的行為の主観的意味を理解することを社会学の中心的課題とした（**理解社会学**）【☞第4章】。

デュルケムとウェーバーのこれらの議論は、しばしば社会学のテキストで言及されるものであるが、その後の社会学ではこれらの社会認識を受け止めつつ、融合・更新しようとする理論的展開が続くことになる。たとえば、アメリカの社会学者**パーソンズ**は、ミクロな社会的行為とマクロな社会システムを統合的に描く**構造機能主義**【☞第11章】を提唱し、

この社会システム論の系譜はドイツの**ルーマン**に発展的に継承されている。同様に、ミクロな行為とマクロな構造の関係を**ハビトゥス**と**界**という概念を用いて論じたフランスの社会学者**ブルデュー**や、**実践意識**と**行為の再帰的モニタリング**によって行為と構造がともに支えあうメカニズムを**構造化理論**として展開したイギリスの**ギデンズ**などがいる。

　このように、社会をどう見るかという論点は、社会学の中だけでも多数ある。だがあえて単純化していえば、これらのどれを活用するにしても、「自分の置かれた個人的状況の直接性から自由に離脱して、ものごとをもっと広い文脈のなかでとらえる」（Giddens 2001＝2006）ということが重要なのである。これは**社会学的想像力**ともよばれ、社会学の基本的思考法と見なされている（Mills 1959＝1995）。

1.2　教育社会学とは？

　以上のような社会的視点をもって教育現象を見ることこそ教育社会学といえるが、実は教育社会学の中にもいろいろな考え方がある。しばしば議論になるのは、教育社会学は教育学なのか社会学なのか、教育社会学は規範的な学問なのか事実を扱う科学なのかといった見方である。

　教育社会学はたしかに教職課程や教育学の一科目として大学で開講されている場合もあれば、社会学部などで特殊社会学の1つとして教員が配置されている場合もある。その意味では、教育学でもあり、社会学でもあるというのがおそらくオーソドックスな答えである。個々の研究者の立場によって、教育学的であったり、または社会学的であったりするが、どちらか一色で塗りこめることはできない。ただし、研究史的に見ると、現実的な教育課題解決に資する成果を期待される傾向にある教育学と、時として純粋科学的あるいは純粋理論的な思考も併せもつ社会学の間で研究動向は揺れ動いてきたと見ることもできる。そして、教育学

を規範的学問と措定することによって、規範学対事実学の問題とも重なる形で論じられてきた。これは日本だけの傾向ではなく、欧米教育社会学にも同様の傾向が見られる。

有名なのは、かつての教育社会学は実践的解決を志向する**教育的な社会学**（educational sociology）であったのに対して、その後は客観的で科学的な**教育を対象とする社会学**（sociology of education）になってきたとする見方である（Karabel and Halsey eds. 1977=1980）。ただし、その後の教育社会学の歴史を見るかぎり、こうした空気は必ずしも現実にぴったりはまらない。なぜなら、科学的手続きの精緻化に進んだ教育社会学の一分野もあるが、現代思想の影響を受けて議論を抽象化させていった領域もあり、社会の要請にこたえる形で実践的・臨床的なスタンスが強まっていったケースもあるからである。つまり、一口に教育を社会学的に考えるといっても、実際にはさまざまな顔をもっているということなのである。

このあと本書各章で紹介されるさまざまな教育社会学的研究成果は、こうした教育社会学の多面的性格を反映して実に多彩で多方面に及んでいる。しかし、そこで貫かれているのは、先ほど述べた「ものごとをもっと広い文脈のなかでとらえる」社会学的視点である。では次に、そうした視点からどのような研究がなされてきたのか、その概略を見てみよう。

2. 教育社会学ではどのようなことが明らかにされてきたか

教育を社会との関わりで理解しようとする思考自体は、けっして新しいものではない。古代ギリシャの哲学的議論の中にすでに教育の社会的機能への洞察が含まれているともいわれる（新堀 1982）。そうした中で、20世紀に入って教育と社会についての実証的・科学的研究へと向かう方向性が現れてくる。その代表的論者が、先ほど古典的社会学者として紹

介したデュルケムであった。

　デュルケムは社会学者として著名であったが、大学で教育学を教えるようになったことから教育に関する著作をいくつも残している。教育社会学の始祖といわれる所以である。社会学的観点から道徳を位置づけ、道徳教育の実践にも言及した『道徳教育論』、教育の本質を個人の発達や完成を目指すものではなく社会への同化作用（＝社会化）だと喝破した『教育と社会学』、フランス教育思想の長い歴史を社会学的視点を織り交ぜて描いた『フランス教育思想史』は、教育社会学の古典として今もなお読み継がれている。

　大ぐくりにこれまでの教育社会学を概観するとすれば、デュルケム以降の教育社会学は近代化という大きな社会変動に直面する中で生じる教育現象を捉えてきたといえるだろう【☞第2章】。特に、近代社会の特質を考えるうえでポイントとなるのは、資本主義、工業化（産業化）、市民社会、国民国家（権力）などであり、それに続く情報化、消費社会化、グローバル化などの社会変動と向き合ってきたのである。

　たとえば、普段なにげなく行われている学校の実践において、資本主義的な生産様式に対応した機構が組みこまれていること（**対応原理**【☞第5章】）を概念化した**ボウルズ**と**ギンタス**の議論に代表されるように、資本主義をめぐっては、教育社会学では階級・階層間の格差の説明原理として取り上げられてきた。「**資本主義の多様性**」論【☞第13章】や**ピケティ**の『**21世紀の資本**』などに見られるように、近年も広い視野から議論がなされており、教育社会学も刺激を受けてきている。また、資本の概念を文化や社会関係に拡張する形での諸議論（**文化資本**や**社会関係資本**など）まで含めれば、家族・学校・ジェンダーの格差に関わる諸問題にも直接間接に影響してきたといえる【☞第10章、第11章、第12章】。

　産業化や工業化の進展が教育における技術要件を引き上げ、高学歴化

や教育拡大に結びつくとする**技術的機能主義**の議論【☞第13章】や、産業化が進展するほど教育の機会が開放されることを織りこんだ**産業化命題**【☞第10章】などの議論も、教育社会学ではよく取り扱われてきた。同系列にある近年の議論としては、**スキル偏向的技術進歩**仮説があり、高等教育の拡大にもかかわらず学歴間の賃金格差が縮まらずむしろ拡大する現象の説明がなされている（Berman et al. 1998）。このように、スキルや労働と学校及び高等教育をめぐる議論は、教育社会学の重要トピックとなっており【☞第5章、第7章、第13章】、さらには社会的選抜と学校教育に関する研究にも連動して注目されてきた領域である【☞第6章】。

　国家や権力の文脈では、**アルチュセールの国家のイデオロギー装置**論の中で学校が重要なイデオロギー装置として位置づけられてきたこと（Althusser 1995=2005）、**フーコーの権力論**の中で**規律訓練装置**として学校が位置づけられてきたこと（Foucault 1975=1977）、など、国家・権力の分析に学校は枢要な位置を占める。特にフーコーの権力論は現代の教育社会学にも大きな影響を与えている（Lauder et al. 2006=2012）【☞第2章】。また、**エスピン-アンデルセンの福祉レジーム論**（Esping-Andersen 1999=2000）の広がりに示されるように、教育社会学でも福祉や社会保障の政策が国家や家族のあり方に関わって重要な論点として取り上げられるようになっている【☞第8章、第11章、第15章】。

　グローバリゼーションは、相対的にこれらの諸テーマより新しくなるが、国際的な人の移動と教育との関わりは移民研究の中で深められているし【☞第14章】、教育思想や教育内容の移転という点ではグローバル化によって世界的に共通化し類似してくるという収斂の議論もある【☞第5章】。またグローバル化の進行とも並行して家族などの中間集団の変容（**個人化**（Beck and Beck 2002=2022））も指摘されているが、こ

うした問題と教育の関わりも教育社会学において現在進行中の研究課題といえる【☞第11章】。

　以上のような巨視的な社会との関連性は意識されることが多いとはいえ、教育社会学は現時点での学校内部にも強い関心をもっている。学校や子ども集団自体が一つの社会といえるからである。イギリスで1970年代に提案された**新しい教育社会学**は、そうした関心から学校内部に目を向けるさまざまなテーマを掘り下げるきっかけとなった。たとえば、教師と生徒の相互作用や教師のふるまい方、生徒集団におけるいじめの構造などである。学校でしばしば生じる逸脱的行為や教育問題に対するまなざしなどに対しても社会学的視線を注いできたのである【☞第９章】。

　もう１つ付加しておきたい点は、教育社会学では以上のような多様な教育現象を社会的視点から捉えるために、さまざまな研究方法論を取り入れ、磨きをかけてきたということである。人間社会の実像を捉える方法的立場としては、デュルケムのように社会現象を物のように見る**実証主義的アプローチ**は、自然科学のアナロジーとして従来用いられてきたものであるが、現象を客観的実在というよりは主観的構成物として捉える**解釈的アプローチ**（**解釈主義**）も普及してきた。教育社会学でも、量的分析、質的分析、その他言説データの分析や歴史研究、理論研究なども、その目的に応じて行われてきたのである【☞第３章、第４章】。

3. 日本の教育社会学はどのような特徴をもっているか

　では、次に日本の教育社会学がどのような特徴をもっているか、日本社会の変容や具体的研究例に対応させつつ紹介しよう。個別の研究内容については第２章以降の各章で詳細に紹介されるため、ここではいくつかのポイントから大まかな傾向を押さえておきたい。

3.1　戦後教育学と教育社会学の実証主義的志向

　教育社会学はすでに戦前から日本にも存在していたが、1950年前後に学会の設立や専門雑誌の発刊などがあり、その時期が日本における実質的な教育社会学の始動期といえる。学問としての存在意義を主張する必要から、先行学問としてあった教育学との差別化がこの頃から課題となっていたともいえる。差別化の軸は、現実の教育改善の方向に向かう教育学の規範的な側面に対して、事実を客観的に扱う科学性におかれた。その1つのあり方として、実証的な調査研究があった。こうした科学性・実証性の強調は、先ほど述べた教育社会学における方法論的な議論の発展と密接に関わっている。

3.2　社会学の影響

　日本の教育社会学では、今述べたように、教育学との差別化が重要な生き残り戦略となってきた。そのため、その差別化の一ツールとして内外の社会学に対するキャッチアップにも熱心だった。たとえば、社会学でパーソンズの構造機能主義がはやるとそれを教育社会学に導入した。逆にパーソンズ批判が社会学で起こると、それもまた教育社会学に取りこんだ。**エスノメソドロジー**が紹介されると、それに影響を受けた研究が現れ、フーコーがおもしろいとなると、これもまた流行した。最近では、ギデンズやベックの**後期近代論**がよく言及されている。したがって、戦後日本の教育社会学は、欧米ないし日本の社会学の研究動向への追いつき戦略をとることにより、社会学の一分野としての基盤をかためていったということができる。しかし、先ほども述べたように、近年ではそうした追いつき戦略説では必ずしも学史的動向を追えなくなっている。それは欧米社会学ないし日本の社会学自体に、輸入ないし導入すべきパラダイムが見えにくくなっているという事情も反映している。

3.3 現代日本の社会変動と教育社会学のテーマの変遷

　教育社会学は、これまで述べてきたように、社会的視点さえもっていれば、教育に関連するほぼあらゆる現象を研究テーマとして扱ってきたといえる。しかし、研究者の数が無数にいるわけではないため、そこには研究の流行テーマのようなものが生じてきた。これもまた教育社会学の研究動向に大きく影響する要因であった。

　たとえば、1950年代は農業人口が大きく減っていく時期になるが、その社会変動に対応する形で地域と教育に関する調査研究が盛んだったといわれる。また、1960年代以降の進学熱の上昇の時代に学歴や入試といったテーマに積極的に取り組んでいたこともそうした動きの1つだろう。学校の荒れや不登校が問題化する1980年代以降は学校問題を扱う研究が多く登場し、在日外国人の数が増えてくるとニューカマーの教育についての研究が盛況となった。2000年代以降に非正規就業者が増えたあたりから、フリーターや高卒無業者の研究が目立つようになった。近年では貧困や格差の問題の社会的注目度が高いことに対応して貧困・格差研究が隆盛であり、また学力データが活用できる機会が増えたこともあって学力研究も盛んになっている。

3.4 近年の状況

　もっとも、近年ではこれらの特徴づけにはおさまらない複雑な状況におかれてもいる。教育学との関係でいえば、相互に参照しつつ研究が進んでいることもあり、その境界はあいまいな部分が多くなっているようにも見える。教育学においても高度な計量分析や本格的なフィールドワークは行われており、方法的実証性という点では差別化が難しくなっている。また、かつておおいに依拠していた社会学の理論も統一的なものがあるわけではなく、社会の複雑性の増大に伴って拡散的になってい

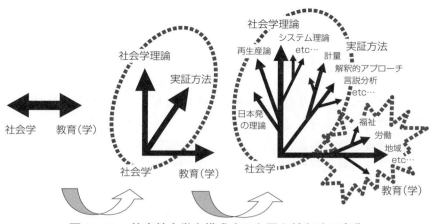

図1−1 教育社会学を構成する主要な軸とその変化
（本田ほか 2013 より）

る。さらには、現実に存在する教育システム自体も刻々と変わり、研究で捉えるべき対象も多様化せざるを得なくなっている。本田らは現代日本の教育社会学をレビューする中で教育学・社会学・方法論のそれぞれの軸で細分化が進み、教育社会学内部の構造が複雑化してささら状になってきていると指摘している（本田ほか 2013、図1−1）。こうした現状の中で、次節では教育社会学の課題を考えてみよう。

4. 教育社会学の課題

現代の教育社会学は、複雑化した社会の中で扱う対象も方法も理論も多様化せざるを得なくなっている。一方で喫緊の課題や流行のテーマに関心を集中させると、重要テーマの理論や研究が継続的に蓄積されないリスクも生じる。こうしたアンバランスは、教育社会学が社会のニーズへ反応した結果として生じる面がある。したがって、教育社会学の社会貢献の方向性を最後に整理して、これをこなしていくことを教育社会学

の課題としておきたい。

　中村は教育社会学の社会貢献類型として次の5つの型があることを指摘している（中村 2012a）。

①教職のための教育社会学…教師になる人たちにとって教育を俯瞰して見る教育社会学的視点は、指導法や子どもの心理に軸足をおきがちな教職課程の学生らにとって冷静な視点を提供するはずである。今日においては教職課程で実践的科目や学校現場で経験のある教員の比重が大きくなっている。そうした時代だからこそいっそうその重要性は増しており、そうした課題意識から作られたテキストも出されるようになっている（中村・松岡編 2021）。

②政策科学のための教育社会学…直接的に教育現場に関わらなくとも、教育政策への提言を行うなどの形での社会貢献は、これまでの教育社会学でも担われてきたし、これからも課題でありつづけるだろう。**根拠にもとづく政策立案（EBPM）**【☞第3章、第8章】が推奨される現在において、実証主義的傾向をもつ教育社会学はさまざまな貢献が可能なはずである。

③教育臨床の社会学…遠回りなことをしなくても、直接学校などに出ていって研究をしながら教育現場の改善に資する活動を行うこともできる。昨今の教育社会学では学校をフィールドとした参与観察的な調査研究はすっかり定着しており、**アクション・リサーチ**【☞第4章】の研究例も出てきている。こうした貢献の芽も育ってきている。

④ソフト・アカデミズムの教育社会学…西洋史学者の高山博は、アカデミズムのあり方を「知の創造」と「知の伝承」に分類し、前者を**ハード・アカデミズム**、後者を**ソフト・アカデミズム**とよんでいる（高山 1998）。ソフト・アカデミズムとしての教育社会学は、社会一般に学

術的成果を広く伝えるあり方であり、こうした教養的な知の普及も学問の社会への貢献の1つである。反知性主義が叫ばれる現代においてはいっそう、こうした活動が重要性を帯びる。

⑤ハード・アカデミズムの教育社会学…以上の4つの貢献の類型を支えるのは、結局のところその学問固有の理論・方法にのっとった学術的成果である。これなくしてその学問の社会貢献はありえない。だから、直接的な貢献ばかりを問うのではなく、一見迂遠に見えても学問のための学問としての教育社会学の領域は中心的に位置しなければならない。

　これらの社会貢献類型はそれぞれ排他的なものではなく、いくつもの貢献が同時に果たされる場合もあるだろう。その意味では教育社会学者はこの中のどこかに引っかかっていればなんらかの貢献をしているといえるかもしれない。しかし、先ほども述べたように、研究はしばしば時代や社会、流行などの影響を受けて偏りがちになる。こうした偏りが生じた時に、学問共同体全体でバランスをとる方向に動ければよい。逆にいえば、このバランスこそ現代の教育社会学に求められている最大の課題といえるだろう（中村 2012b）。

学習課題

①あなたが体験した教育の中で「良かった」と感じるものを1つあげて
みよう。そのうえでそうした教育実践を社会的観点から批判的に説明
してみよう。
②教育社会学/教育学/社会学のそれぞれの特徴を調べて、表にまとめ
てみよう。

参考文献

ローダー，H. ほか著，広田照幸ほか訳，2012，『グローバル化・社会変動と教育
1・2』東京大学出版会．(Lauder, H., P. Brown, J. Dillabough and A. H. Halsey
eds., 2006, *Education, Globalization & Social Change*, Oxford University Press.)
本田由紀・中村高康編，2017，『教育社会学のフロンティア　1学問としての展開
と課題』岩波書店．
中村高康・松岡亮二編，2021，『現場で使える教育社会学──教職のための「教育
格差」入門』ミネルヴァ書房．

2 | 近代社会と教育

仁平典宏

《目標＆ポイント》 本章では、近代化の過程で教育が拡大した背景について、社会にとっての機能と個人にとっての意味に注目して検討していく。これを通じて、近代社会と教育の結びつきとそのほつれについて、社会学的に考えるための基礎的な知識を習得する。

《キーワード》 合理性、規律訓練権力、立身出世、教育拡大、後発性

はじめに

　天朝［維新政権］が唐人［西洋人］にだまされて、なんでも唐人の言う通りにせられて居るから、…（中略）…学校学校というて村々に子供を一所へ集る所をこしらえておいて、目印の旗に番付けを記して立てておくと、それを目当てに唐人が来て集めてある村中の子供を一度にしめ殺して生き血を絞るという説もっぱらにて、十日ばかり前より子供を学校へやることも止めたよし。（森 1993：66）

　これは、岡山の様子を伝える1873（明治6）年7月2日の『東京日日新聞』の記事である（森 1993）。学制の発布（1872（明治5）年）で始まった学校教育は、必ずしも民衆に歓迎されたわけではない。学校は不審の眼で見られ、焼き討ちされる暴動事件がいたるところで起こった。この背景として、学校の外観や活動がそれまでの村の伝統や秩序からかけ離れていて新奇（モダン）だったから、恐れや反発が生じたという指摘がある（森 1993）。

日本において近代化は外国からの圧力で始まった。民衆にとってはそれはまったく馴染みのないものだった。明治政府は学校を近代化の要と捉え、抵抗にもかかわらず全国各地に学校を作っていった。なぜ近代社会は学校教育を必要とするのだろうか。反発していた民衆はなぜ学校教育を受け入れるようになったのだろうか。そして近代化が行きづまりを見せている現在、学校教育はどのような位置にあるのだろうか。この章では、以上の論点について取り上げていきたい。

1. 近代社会と教育の機能

近代化とは一般に、ヨーロッパで17世紀頃に始まる、科学・産業・政治・経済などをめぐる未曽有の変化のことを指す。特に重要なのは3つの「革命」だ。1つ目は、地動説やニュートン力学などに代表される科学革命である（Butterfield 1949＝1978）。これはその後の科学技術の基礎となっただけでなく、キリスト教的な世界観を相対化し世俗的な社会を準備することになった。2つ目は、フランス革命に代表される市民革命である。これは資本主義の発展によって力をつけてきた市民階級（ブルジョワジー）が王政による規制を止めることを求めて始まったが、都市の貧困者を巻き込み政治的権利の要求という形をとった。フランス人権宣言に代表されるすべての人間に平等な権利があるという認識は、その後の社会秩序の基礎となる。3つ目は18世紀後半のイギリスで始まった産業革命である。蒸気機関等の発明により、膨大なエネルギーを取り出し利用できるようになった結果、生産力が大幅に増えた。新しい産業が生まれ、伝統的な農村から都市への人口流入が進んだ結果、見知らぬ人同士が交流する新しい領域（＝社会）が広がった。以上の変化の結果、1700年まで5億人程度だった人類の人口は、1800年には10億人、1900年には18億人、そして2000年には60億人に達している。この変化は地球の

環境を激変させる甚大なものであり、人間のあり方も一変した。私たちはいまだその圏内にいる。

　近代的な教育システムは、社会化、選抜・配分という機能を通じて、近代社会を維持することが期待された。

　社会化とは、子どもたちに、その社会の規範（社会的に正しいとされる価値観や暗黙のルール）・共通の知識・ふるまい方などを学習させ、その社会のメンバーとしてふさわしい存在にすることだ。社会化の概念を定式化したのは、19世紀末から20世紀初頭にかけて社会学を確立させたフランスの社会学者エミール・デュルケム（Durkheim 1922＝1976）である。デュルケムは、教育を、組織的かつ方法的な社会化としたうえで、社会を維持・再生産するために不可欠なものと捉え、そのための学校を重視した。この背景には近代社会の特徴がある。前近代社会では生まれで地位や役割が決まることが多く、家庭や共同体でその知識やルールを習得すればいい。他方で近代社会では、個人は伝統的な共同体から切り離される一方、近代国家の成員として共通にもつべき要素が新たに求められ、学校はそれを身につける特別な場所となる。

　選抜・配分とは、生徒に対して評価・順位づけを行い、それに応じた進路に振り分ける機能をいう【☞第6章】。この意味を理解するうえで重要なのが、もう1人の社会学の始祖の巨人であるドイツのマックス・ウェーバーである。彼は近代化を**合理化**が進行する過程と捉えた。近代では、個人的魅力（カリスマ）や伝統ではなく、一般化・標準化されたルールと手順に沿っているという意味で合理的であることが正当性の根拠となる（Weber 1956=1960）。近代的な教育も共通の基準で選抜・評価を行い、学校は生徒の知識を試験で測って単位を認定し、学歴という資格を付与して送り出す。この選抜・配分は、ある意味で「平等」な面をもっている。前近代社会では生まれで人生が決まることが多かったこ

とを考えると、誰もが公平に試験を受けて基準をクリアした者が入学できるというのは、より「機会の平等」【☞第10章】に近い。社会としてもそのほうが、実力がある人を選べるので好都合だと考えられた。近代公教育のもつ合理的な選抜・配分機能は、**属性主義**から**業績主義（メリトクラシー）**へという変化【☞第6章】にとって不可欠である。

2. 近代的な教育の特徴

　以上の機能を果たしていくために、近代教育は空間配置、対象、実践の面で独自の特徴をもつ。その点について前近代と比較しながら見ていこう。

　日本の前近代の社会、たとえば江戸時代にも藩校や寺子屋といった教育機関があった。しかしそれらは私たちの知る学校とかなり異なってい

図2－1　歌川花里画「文学万代の宝」（右「始の巻」・左「末の巻」）弘化年間（1844〜1848）頃
（東京都立中央図書館蔵　https://www.library.metro.tokyo.lg.jp/portals/0/edo/tokyo_library/upimage/big/027.jpg）

る。

　図2−1は寺子屋の授業風景を描いた錦絵である。生徒の年齢はさまざまで、先生の方を向いて座っていない。往来物という実用知識を学ぶ教材もあったが、やっていることはバラバラである。規律正しく勉強している状況とは程遠いが、先生はそれを問題視している様子でもない。

　さらに当時の日本の大半を占める農村では、そのような教育機関に通うことすらあたりまえではなかった。子どもは世帯を支える重要な労働力であると同時に、貧しさなどの理由から、時に間引き（嬰児殺し）や身売りの対象になった。間引きは近代以前はさまざまな理由で行われていたが、特定の年齢に至るまでの子どもは人間ではないという観念とも結びついていた。間引きが神のもとに返す「子返し」とよばれるのはそのせいだ（太田 2007）。「子ども」というカテゴリー自体が、近代以降と大きく異なることがわかる。

　教育や子どもの位置づけが、近代に大きく変わったことはヨーロッパでも同様だ。社会史研究者のフィリップ・アリエスは『〈子供〉の誕生』の中で、ヨーロッパ中世には「子ども」というカテゴリーが存在しなかったと指摘する（Ariès 1960＝1980）。乳幼児よりも大きい年の子は、大人に混じり労働・消費・性愛を行う「小さな大人」だとされ、保護が必要で愛情を注ぐべき存在とされる「子ども」という概念はなかった。子どもをかわいがるべき特別な存在と捉えるまなざしは、18世紀頃までに形成されていく。この背景には資本主義の進展によって生産労働の空間と私的空間の分化があり、共同体で開放的に行われていた子育てが、**近代家族**（情愛で結ばれた夫婦・親子関係を規範とする核家族）【☞第11章】によって私的に行われるべきものとする認識の変化を伴っていた。

　以上の過程を通じて、子どもは学校で長い時間を過ごすようになる。この近代的学校は学年制や共通の課程など多くの子どもを一律に処遇し

ていく仕組みを伴っていた。教育の空間にも変化が見られ、正面に立つ1人の先生を前に大勢の生徒が整然と座り授業が行われるようになった。たとえば19世紀のイギリスの学校で行われた**助教法**（monitorial system）では、年長の生徒（助教）がサポートする仕組みが取り入れられた。労働者の子どもも教育の対象になる中で、大勢の子どもを低コストで教えることを可能にするためである。

　労働者の子どもも教育の対象になったことの背景には、資本主義が従順な労働力を大量に必要とするようになったことがある。ただしその従順さはいわゆる「指示待ち人間」とは異なる。仕事上の課題に対し自分で判断しながら臨機応変に対応する主体性も求められるからだ。政治も同様で、市民が王に代わって主権者になる以上、自ら考え選択する主体性が必要だが、暴動や革命を起こさず秩序に従うことも求められる。

　主体性と従順さ――一見矛盾するように見える2つの要素を兼ね備えた二重体＝「**主体**（subject）」を、近代社会は生産、政治、兵役などあらゆる場面で大量に必要とする（subjectという語には「服従」の意味もある）。近代的な学校教育もそれを作り出す仕掛けが施されている。たとえば助教法が行われる教室では、先生と周りの助教から個々の生徒がよく見える。生徒は絶えず監視されているように感じ、そのうち自分で自分を監視しコントロールする内なる目を育てることになるだろう。これこそが、少ない人数で大勢の生徒を効果的に教育する仕組みだった。同様の監視を伴う装置は、19世紀に入ってから工場や監獄など至るところに広がっていく。19世紀の功利主義者ジェレミー・ベンサムはこの仕組みを**パノプティコン**（**一望監視装置**）とよび、哲学者のミシェル・フーコーは、それを生産的な主体を育てようとする近代に特徴的な権力であると捉え**規律訓練権力**とよんだ（Foucault 1975＝1977）。これは多くの人を効率的に社会化するために発展したものである。

3. 拡大する教育

　無機質な建物に同年齢の子どもを整然と並べ、身体と精神を規律化し、生活から乖離した知識を注入しようとする教育という新奇（モダン）な実践は、前近代の世界から見るとあまりに異様だった。しかしそれは徐々に社会に浸透していく。義務教育である小学校への就学率は学制発布時の1872（明治5）年には30％に満たなかったが、10年後には50％に、1905（明治38）年には95％に達している。中等教育への進学率も徐々に

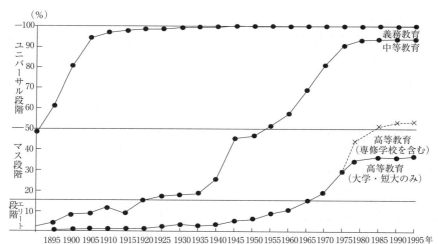

データ）文部省編『日本の成長と教育』（昭和37年）、『教育指標の国際比較』、および『文部統計要覧』（1997年版）。

注）義務教育：義務教育学齢人口に対する就学者数の比率（就学率）。
　　中等教育：1947年以前は、小学校卒業者のうち、旧制中学校、高等女学校、実業学校（甲種）および師範学校（第1部）の各本科へ進学した者の割合。
　　　　　　　1948年以降は、新制中学校卒業者のうち高校へ進学した者の割合（進学率）。
　　高等教育：該当年齢人口のうち在学者の占める割合（在学率）。

図2−2　就学率の推移

（天野郁夫・藤田英典・苅谷剛彦編，1998，『改訂版 教育社会学』放送大学教育振興会：44より）

増え、1920（大正9）年には15％を超えて大衆的な広がりをもつ段階（マス段階）に入った。

　このような変化の背景の1つに、学校の利益が理解されるようになったことがある。農家出身の子どもでも、成績が良ければ、上位の学校に進学し収入や威信の高い地位に就けるという**立身出世**の物語が広がっていった。旧制高校の志願者数は明治末期頃から増えはじめ、第一次世界大戦後に急増する。他方で高校の入学者数は抑えられていたので、受験競争が激化し、大正期の都市部ではホワイトカラーの被用者世帯からなる**新中間層**を中心に、中学校や小学校にまで受験競争が広がっていった（天野 1996、竹内 1997）。

　他方で採用側でも学歴を重視しはじめる。まず官庁が学歴によって差をつけた任用試験制度を確立した。ついで大企業が、一定の学歴をもった学卒者を採用し、学歴で待遇に差をつける人事を行うようになっていく。それ以前は、商業では小さい時から住みこみで仕事を覚えていく丁稚制度が前近代から定着しており、工業では技能をもち企業を自由に移動する「渡り職工」が中心だったので、学卒者を雇用する慣行はなかった。企業の採用行動の変化には次の2つの説明が可能である（以下、竹内 1997を参照）。

　第1に**機能主義**的な説明である。機能主義とは、特定の構造・制度はそれが全体に対して果たす役割（機能）があるために存在するという考え方だ。教育は労働者の生産性を高めると考える**人的資本論**もその1つである。この考え方によると、企業規模の拡大の中で組織の官僚制化や事業の専門化が進み、それに対応できる技術、語学、簿記などを身につけた人材を必要とするようになったという説明が成り立つ。別の機能主義的な捉え方として、学校で身につく自己規律と従順さを企業は求めたという説明もある。大正時代には工業系企業の中で、高等小学校などの

卒業生を専門の養成所で育てた養成工を自社で働かせる仕組みが定着していった。渡り職工はしばしば闘争的な労働争議の担い手となったため避けられるようになり、代わりに、技術のみならず規律や会社への忠誠心を教えられた存在としての養成工が好まれるようになった。

　機能主義的な考え方はわかりやすいが、実際には学校で教えられたことが仕事に役立たないことも多い。それにもかかわらず、学歴重視は加速していく。その謎を解くために第2の説明がある。それは、学歴は企業に正統性を与える効果があるため、企業は学卒者を採用するようになったとするものだ。日本の近代化は政府主導だったため官尊民卑の考え方が強い。低く見られがちな企業が、その地位を向上させるためにとった戦略こそが、官庁をまねて積極的に大卒者を採用することだった。戦前において近代化は国是であり、学校制度は近代の象徴である。その頂点にある大卒者を雇っている企業は合理的で望ましい存在だと信憑されるようになった。ジョン・マイヤーは近代化を、このような**合理性の神話**の波及過程と捉えている。

　以上のメカニズムが絡みあいながら教育拡大が進んでいった。その中で、1920年代には地位形成のために学歴が不可欠だとする「**学歴社会**」の認識が広がっていく。この語には、学歴差別という否定的なニュアンスの他に、出身階層が低くても高い学歴さえ取得すれば生まれ変われるという肯定的な意味もあった。だが実際には学歴取得には出身階層の影響が大きい。厳しい競争を勝ち抜いて大学に入るには学力だけではなく家庭の経済力が重要だった。機会の不平等は消えない。ジェンダー規範が強い中で、女性に帝国大学や旧制高校の門戸は開かれず、高等女学校など限定的な道はあったものの上位の進学機会を得ることは困難だった。都市下層を中心に学校に行かない多様な子どもがいて、さまざまな仕事・活動に従事しており、領域ごとにいろいろな捉えられ方をしてい

た（元森ほか編 2021）。日本の半分以上を占める農村の子どもも、上位の学校に進学できるのは経済的に恵まれた一握りだった。学校で立身出世のアスピレーションが加熱されても、現実によって冷却される【☞第6章】。その挫折感は、反近代的な心情に訴える軍国主義を受けいれる背景になったという指摘もある（竹内 1997）。

　他方で、さまざまな矛盾を抱えながらも教育拡大が進む中で、「教育」を無条件で良いものとみなすまなざしは広がり、規範性を帯びた「教育」という単語は学校を越えて、さまざまなものに結びつけられるようになっていく（広田 2001）。たとえば、1939（昭和14）年の映画法には「主務大臣ハ命令ヲ以テ映画興行者ニ対シ国民教育上有益ナル特定種類ノ映画ノ上映ヲ為サシムルコトヲ得」という表現がある（森 1987　圏点引用者）。ここで「教育」の語は、子どもだけでなく国民全体を対象とし、映画を選別する基準として恣意的に用いられている。「教育」概念のシステム越境的な広がりは、20世紀末以降の社会保障制度の変質という事態にもつながっていく【☞第15章】。

4.　日本における近代化の特徴

　このような日本の教育と近代化は国際的にどう位置づけられるのだろうか。この問いが難しいのは、日本人が日本を国際的に位置づけるという営み自体が日本の文脈から自由でないため、その解釈・引用・批判の仕方において日本の特殊性を反復してしまいがちなことだ。実際に、ヨーロッパの近代化は内発的だったのに対し、日本では他の非西洋国家と同様に近代化は外から強いられた**後発近代化**だったという自己理解が一般的だったが、その後発性は次の2つの戦後日本の評価と関連していた（苅谷 2019）。

　第1には、近代化が不徹底で封建的秩序が残る遅れた日本という評価

である。特に戦後の教育学も含む人文学では軍国主義への反省から、日本を非民主的・封建的な秩序が残った社会と捉え、西洋の自立的・合理的な個人を理想とする議論が見られた。たしかに、西洋を目指して国民を駆り立てる**キャッチアップ型近代化**は、市民階級が下から王政を覆したイギリス・フランス・アメリカなどとは対象的に、集権的な政府と封建的な社会構造を温存した形となった。また財政的制約から少ない公務員で社会を統治するために、政府が強い権限を必要としたという事情もある（前田 2014）。日本の教育行政における規制の強さはそこにも由来する。また財政的に小さい政府が社会をコントロールするために中間集団の利活用も行われた。日本の学級は**集団主義**的で個を抑圧するといわれてきたが、文化論的な説明とは別に、少ない教師で大勢の生徒を統制する機能上の要請もある。生活保障を個人単位で行わず、家族と企業に依存させる仕組みも同根だ【☞第15章】。このような個人を集団に埋没させる仕組みが浸透した原因を近代化の不全に求める議論が多かったが、高度経済成長以後の経済的成功を説明する文脈では、その特殊性を成功要因と捉える議論も見られた。

　第2に、日本を先進国以上に近代的な特徴を示す**後発効果**を示した例として捉える議論がある。教育拡大は急速に進み、短い期間で進学率や識字率は欧米を追い越した。計量化可能な指標に着目すると日本はむしろ近代化の成功例であるとする議論は戦後復興を遂げる中で注目され、実証研究の社会科学者や政府に好まれた。ただそれは病理的とされる現象を説明する文脈でも用いられる。ロナルド・ドーアは、日本では職業との内容の結びつきを欠きつつ雇用と直結させる形で学校教育を拡大した結果、イギリスなどに比べ過剰な学歴獲得競争が生じたと捉え、後発性と結びつけて説明した（Dore 1976=2008）。激しい受験競争は東アジアにも見られる。韓国のチャン・キョンスプは後発近代化論を発展させ、

伝統的な社会秩序を残しつつ近代化が急激に進み複雑で流動的な社会を生み出す状況を**圧縮近代**とよぶ（Chang 2022）。

　近代化論は、欧米の近代化を理念型として捉え、それ以外の地域の近代化のパターンをズレとして捉える傾向がある。後発国の側もそのズレから自己理解を作り出し、日本でも多くの日本社会論が生まれたが、それも鏡像的なナショナリズムにすぎないことがある。これを避けるためには、近代化は1つではなく、世界中にさまざまな形があったという多元性に注目することが重要である。日本の教育における近代化がその中でどういう意味をもっていたのかの検証は、これから重要な課題になるだろう。

5. 飽和する近代

　第二次世界大戦後、新しい教育制度のもとで教育拡大は続いた。かつては新中間層など一部のものだった学歴社会という認識は1960年代の教育拡大期を通じて社会全体に広がった。農業が縮小し、教育による選抜を経て第二次・第三次産業に従事する人口が急増したことが、その背景にある。1970年代には高校進学率が9割に達した。これは学校に対するまなざしを大きく変えた。激しい受験競争は子どもの心をむしばむと批判された。高校に多様な生徒が入学することは、かつて学校外の労働や消費の場で起こっていた若者の問題が、学校にもちこまれるようになることを意味した【☞第9章】。学校は問題だらけの場として報道され不信のまなざしにさらされるようになった。

　この背景としていくつか指摘されている。第1に、教育を通じた選抜が微細な差異をめぐるゲームになるにしたがって、近代化を駆動してきた物語の訴求力を失ったことだ。もはやそれは近代初期のような立身出世のロマンをかき立てるものではないが、かといって、学歴によって就

職が左右される現実の前で競争から降りることも難しい。教育はもはや新奇どころか逃れがたいものであり、積極的な意味を見出しづらいものとなってきた。

第2に、1960年代以降、近代を望ましいとみなすまなざし自体が相対化されていった。近代は進歩や平等、民主主義などの**大きな物語**と結びついていたが、科学は大規模な戦争被害や公害など問題を作り出すことが問題視され、公教育や福祉国家も平等の約束を果たせないまま、人々を画一化・標準化し多様な可能性を奪っているという批判がなされるようになった。さまざまなマイノリティがそのようなシステムに対して異議申し立てを行うようになり、近代的な分類にあてはまらない多様な生が可視化されるようになっている。〈子ども／大人〉という近代的な二項図式もまた、情報化の進展や、「子ども」の中の多様性（外国人、性的少数者、障害、貧困……）が可視化される中で揺らいでいる（Postman 1982、Prout 2005＝2017、元森ほか編 2020）。また哲学者のイリイチは、学校教育のみが正当とされることで自律的に学ぶ力を奪われ、学校に依存せざるを得ない状況を**学校化社会**と捉え、そこからの解放を呼びかける**脱学校論**を展開した（Illich 1970＝1977）。これはフリースクール運動に大きな影響を与えた。とはいえ現在は、学校の縮小を求める動きが、公教育を市場メカニズムにさらす**新自由主義【☞第15章】**と野合するリスクも同時に考える必要がある。

現在は近代的な諸価値を無条件に信じることは困難だ。現在の多くの問題は近代の諸要素が生み出したものでもある。だがそれに抗うための理念である平等、自由、人権、民主主義などもまた近代が生んだものである。それらは懐疑の対象ではあれ全否定されるものではなく、個別の文脈に合わせて絶えず問い直されつつ指針でありつづける。このような条件下にある今の時代は**後期近代**や**再帰的近代**とよばれる。近代の産物

としての教育もまた、グローバル化や個人化の中で基盤が揺るがされつつも、多様性や個のニーズに向き合うという新たな課題の中で再構築されつづけるだろう。現在はその対応を現場の教師などの努力に委ねている状態だが限界がある。今後システムの次元でどのように変わっていけるかが重要な課題である。

学習課題

以下のことを考えてみよう。
①日本と同じように遅れて近代化が始まったものの、日本ほど教育拡大しなかった国も多い。どんな要因が考えられるか。
②学校がかつてのような魅力を失い、人々は受験競争から降りるようになってきたという説があるが、どう思うか。
③規律訓練権力は今の社会にどのような形で観察されるだろうか。

参考文献

竹内洋，1997,『立身出世主義——近代日本のロマンと欲望』NHK出版.
天野郁夫，2005,『学歴の社会史——教育と日本の近代』平凡社.
アリエス，P. 著，杉山光信・杉山恵美子訳，1980,『〈子供〉の誕生——アンシャン・レジーム期の子供と家族生活』みすず書房.（Ariès, P., 1960, *L'enfant et la vie familiale sous l'Ancien Régime*, Plon.)

3 │ 教育社会学の研究方法（1）量的研究

多喜弘文

《目標＆ポイント》　本章では、量的研究を理解するうえで重要な基本概念を学ぶ。そのうえで、教育社会学における量的研究の展開と政策との関わりについての知識を得るとともに、方法としての利点と限界についての視座を得る。

《キーワード》　記述統計、推測統計、データベース、データアーカイブ、EBPM

はじめに

　「真実はいつもひとつ」というどこかで聞いたセリフがある。これが真実を語っているとすれば、合理的に根拠を積み重ねていけば、真実にたどりつけそうである。他方、「真相は藪の中」という言葉もある。人々にとっての現実は少しずつ違っていて、それ自体その人にとっての主観的現実であるとすると、それを解きほぐす過程自体も重要になる。

　教育について議論する時、私たちは誰もが「自分の体験」に縛られやすい【☞第1章】。そうした私たちが、より良い教育のあり方を社会との関わりにおいて構想するためには、教育社会学の考え方や対象についての知識だけでなく、主張の根拠を提示しあいながら議論していくための方法を学ばなければならない。教育社会学におけるそうしたアプローチとして、本章と次章では量的研究と質的研究を扱う。

　本章で取り上げるのは量的研究である。数字を使えば、ものごとを「客観的」に明らかにしていけそうに思える。しかし、他方で教育という豊

かな営みを、数字で単純化してしまってよいのだろうかという気持ちも湧いてくる。研究のための専門的な方法を学ぶことは、こうした漠然としたイメージから私たちを解放してくれる。本章では数字を用いた量的研究の基礎概念を解説するとともに、方法としての利点と限界を論じる。

1. 量的調査の特徴

社会学は、伝統的に社会調査を量的調査と質的調査の2つに分類してきた。量的調査は、調べたいことを数量的に把握することに重点を置く調査のことである。これに対し、質的調査は数量的な把握に重点を置いた調査以外のものを幅広く指す【☞第4章】。

量的調査の典型的なものとして、**アンケート**（**質問紙調査**）があげられる。たとえば、「あなたは学校で普段次のようなことをどのくらい経験しますか」といった問いに対し、「1. よくある」から「4. まったくない」の中から、あてはまるもの1つに○をつける単項選択肢方式の調査を経験したことのある人は多いだろう。回収した調査票につけられた○の数を集計していけば、どれが代表的な学校での経験なのかを明らかにできるはずである。こうした方法は、個人の感想をなんとなく並べるのとは異なる説得力をもちうる。

量的調査の性質として重要なのは、アンケート実施後の集計者や分析者が誰であっても、手続きが明示されていたら同じ分析結果にたどりつけることである。上の例でも、どのように数えるかを事前に決めておきさえすれば（**コーディング**）、集計者によって結果が異なることはないし、その数は大体同じといった程度ではなく、完全に一致する。同様に、集計後のデータを用いて行う分析についても、同じ統計処理を施せば推定結果は同じになる。ここに、個人の解釈を越えた一種の「客観性」が生じる理由がある（Porter 1995=2013）。このような性質を量的研究における**再現性**という[1]。

---

[1] 量的調査であれば、誰が調査しても同じ結果が得られるといっているのではない。すでに実施された量的調査のデータに対し、同じ手続きで統計的な処理を行えば同じ結果が再現できるというのがここでの再現性（再生性）の内容である。

量的調査は、知りたい事象についての数量化された情報、すなわち**量的データ**を得るために実施される。この点で、上にあげたアンケートはその代表的な方法といってよい。しかし、量的データはアンケート以外からも得ることができる。たとえば、ある学校に残された学級日誌や教職員会議の議事録などは、そのままの状態では量的データではない。だが、そこに出てくる言葉を数え上げていくならば、**計量テキスト分析**のような方法で量的データとして扱うことができる（樋口 2020）。また、近年はスマホのアプリやウェアラブルデバイスなどの普及により、明示的に調査であることを謳っていなくても、**行動観察データ**がいわゆる**ビッグデータ**として収集・蓄積されていることも多い（Salganik 2017＝2019）。広く捉えるならば、量的研究はその収集方法にかかわらず、研究対象に関わる情報を量的データとして切り出して分析する多種多様なアプローチを範囲とする。

　再びアンケートを念頭に量的調査の特徴をもう少し考えていこう。量的調査に対しては、「客観的だが浅い」という言い方もよくなされる。たしかに、「○○と思いますか」という問いに対し、「とてもそう思う」から「まったくそう思わない」の4段階で答えてもらうようなことは、現実を単純化してしまう。一人ひとりの回答の背後にはさまざまな事情があるだろうし、「そう思う」の度合いだって人によって異なるかもしれない。

　しかし、調査から描き出そうとしている現実を個人レベルと集合レベルに分けて考えてみると、この単純化は量的調査のもつメリットとトレードオフの関係にあることがわかる。量的調査は、ある個人の意味世界を豊かに描き出すには向いていないが、あらかじめ**標準化**された選択肢を用意することで、個人を越えた集合レベルでの特徴を明らかにするうえで優れている。集団や社会を集計単位とすることで、一人ひとりの

個人を単位に考える場合と異なった現実の側面を描けるというのは、エミール・デュルケムが社会学的なものの見方として強調したことでもある【☞第1章】。これをどちらが浅くてどちらが深いかという軸で比べようとするのは適切ではない。

とはいえ、量的研究にもその方法的特質に応じた一定の向き不向きがある。社会学において検証したい仮説は、集合レベル（＝社会や集団）に関わる言明を何らかの形で含んでいる。したがって、その仮説が実際にどの程度社会や集団にあてはまっているのかを検証する**仮説検証型**のアプローチには、一般的に量的調査が適している。他方、アンケートは最初から調査者の頭にあるものしか質問に組みこめない以上、それを越えて対象から学ぶことを目的とする**仮説生成型**のアプローチに向いているとはいいがたい【☞第4章】。

方法的特質に起因するこうした向き不向きはあるものの、当該社会のリアリティとの連携を保ちつつ量的な方法による記述を目指す**計量的モノグラフ**（尾嶋 2001）や、量的データに潜む潜在的なパターンを発見するための**機械学習**など、データから学ぶ契機を重視した方法が量的研究にも存在することはそのうえで付言しておきたい。

2. 教育社会学における量的研究の基本概念

量的研究は、複雑な現実をなんらかの形で量的データとして切り出したうえで分析する。このようにデータをなんらかのモノサシで測ることは、いくつかの面で量的研究に質的研究とは異なった研究上の特徴をもたらす。そこで本節では、基本となる統計学および社会調査法上の概念を紹介することで、そこに共通する特徴を大づかみに示す。

2.1 記述統計と推測統計

社会調査には、研究対象全体を包含する**母集団**とその中から一部の対象を取り出した**標本**という区別がある。この分け方に対応して、母集団全体に対する調査を**全数調査**、そこから一部を取り出した調査を**標本調査**という。また、量的データの特徴を把握するための統計を**記述統計**とよぶのに対し、母集団の一部として取り出された標本から母集団のことを推測するための統計を**推測統計**という[2]。

記述統計とは、手元にあるデータの特徴を数量的に記述するための技術である。私たちの生活においても馴染みのある基本統計量をいくつか紹介すると、対象の中心がどのあたりにあるのかをあらわす代表値として**平均値**、**中央値**、**最頻値**、対象の散らばりをあらわす散布度として**分散**、**標準偏差**、**範囲**、２つの変数の関連をあらわす統計量として**共分散**や**相関係数**（ピアソンの積率相関係数）などがある。

こうした統計量を通じて対象の性質を記述的に把握することが量的研究の第一歩である。しかしながら、知りたい対象全体（＝母集団）を網羅的に調査できることはほとんどない。そのため、手元にある標本の統計量を記述するだけでは不十分であり、それを通じて母集団のことを知ることこそが真の目的ということになる。この構図に量的研究と質的研究で違いはないのだが、両者の大きな違いは、標本から得られた情報を母集団へと一般化するにあたり、量的調査が推測統計の知識を用いることにある。

私たちは、調査対象を増やす（標本サイズを大きくする）ほど、全体（母集団）のことをより正しく知ることができると考えがちである。だが、これは正しくない。推測統計は、サンプルサイズが大きくなるほど母集団と標本のズレである**標本誤差**が平均的に小さくなることを保証するが、これは母集団から標本が**ランダムサンプリング**（**無作為抽出**）され

---

[2] 本章で扱う頻度主義にもとづく議論とは異なる考え方をもつ統計学にベイズ統計がある。

ていることを前提としている。この前提が満たされない場合、量的調査であっても、たくさんの人に調査するほどより精度の高い推測ができる保証はない。

それでは、とりあえずランダムサンプリングされた標本を前提にしてみよう。量的研究では、この標本から得られた統計量をもとに母集団への一般化を試みることになる。ここで重要なのは、手元の標本は母集団よりも小さいため、母集団について何かを述べる際に必ず不確実性が生じることである。量的研究ではこの不確実性に対処する際に、一定のルールにのっとって根拠を明記しつつ判断を述べることになっている。統計量に**信頼区間**や**標準誤差**を併記することや、母集団についての言明を**帰無仮説**と**対立仮説**として設定し、一定の**有意水準**のもとに、標本統計量を使ってどちらが採択されるのかを判断する**統計的仮説検定**は、そのための標準的な手続きとなっている[3]。

2.2　因果関係の解明と多変量解析

次に、社会科学における量的研究のデータ分析上の特徴を考えてみたい。科学一般において、なんらかの現象を**原因**とそれによって生じる**結果**として関連づける図式のことを**因果関係**という。因果関係を明らかにするためには、原因にあたる要因を**独立変数**、結果にあたる要因を**従属変数**として設定し、前者が後者に影響を及ぼしているかどうかをさまざまな角度から検証していく。

自然科学のいくつかの領域では、因果関係を解明するためにさまざまな要因を人工的に統制する**実験**が行われてきた。これに対し、社会科学では実験を行うことが倫理的に許されないケースも多い。また、自己の行動を反省的に捉えるという人間の性質も自然科学の場合とは異なる難しさを生じさせる。こうした困難に対処すべく、観察データを用いた量

---

[3]　近年、この統計的仮説検定の標準的な手続きが絶対視されることで、本来の目的とは異なる不適切な研究のあり方が生じているとして、研究者コミュニティの慣行を見直そうとする動きも見られる。

第3章　教育社会学の研究方法（1）量的研究 | **45**

的研究が採用してきた典型的なアプローチが**多変量解析**である。これは、量的研究において、複数の要因間の関連を読み解くための統計分析の総称である。

　多変量解析の中でも、経済学や社会学の領域で因果の解明のために採用される代表的な分析方法が（重）**回帰分析**である。この方法は、実験のように条件を人工的に整えるかわりに、想定される要因の影響を統計的な操作により統制することで、因果関係を読み解こうとするものである。一時点のアンケートから原因と結果の結びつきを正しく読み解くことは難しく、測定していない要因の統制もできないといった限界があるのも事実であるが、それでも、従属変数に対する独立変数の影響を統計的に切り分けながら数値として示せることは、社会科学における量的研究の大きな強みであるといってよいだろう。

2.3　個票データの二次分析とデータアーカイブ

　本節の最後に、量的研究における調査データの扱い方に注目する。社会調査データの分析は、調査の実施者と分析者の関係に注目すると**一次分析**と**二次分析**の2つに区分できる。一次分析とは、調査の実施者が自ら収集したデータ（一次データ）を分析することをいう。これに対し、二次分析とは第三者が作成したデータ（二次データ）の分析を指す。

　一次分析と二次分析の区分は、前節で述べた「量的研究における再現性」をふまえるととりわけ重要な意味をもつ。量的データを用いた分析では、分析者が誰であっても、同じデータに対して同じ分析手続きをとれば結果が一致する。この性質により、量的調査の一次データが適切に保存されてさえいれば、第三者による知見の再現や再検証が容易となる。また、一次分析者とは異なった観点から再分析することで、二次分析者が先行研究と関連づけながらその知見を乗り越えるといったことも行い

やすい[4]。

　以上の事情から、量的研究において二次分析は特別な役割を果たしている。この役割は、**集計データを公開するデータベース**と、**個票データ**を所定の手続きのもとに提供する**データアーカイブ**という概念で整理するとわかりやすい（佐藤ほか 2000）。

　具体例をあげながら見ていこう。日本における代表的なデータベースには、政府の実施する調査（**公的統計**）の集計データを公開している総務省統計局の「政府統計の総合窓口 e-Stat」があげられる。たとえば文部科学省は、毎年すべての学校を対象に**学校基本調査**を実施しているが、e-Stat にアクセスすれば、この調査の集計結果としての全国や都道府県ごとの大学進学者数を csv 形式でダウンロードすることができる。

　これに対し、データアーカイブが取り扱うのは、データベースのように、何らかの単位で集計したあとの集計データではない。回答された1枚1枚の調査票情報を単位とする個票データである。こうした個票データの提供は、集計データと比べると個人や機関の特定につながる恐れが生じやすい。したがって、データアーカイブはそうしたリスクを最小限にするために、提供にあたって固有名を削除するとともに、研究上の必要性との天秤にかけながら情報の精度を一部落とす（たとえば都道府県名を地域ブロックにまとめる）など、専門的な見地から情報の**匿名化**（秘匿化）を行ったうえで、二次分析のために所定のルールのもとに量的調査の個票データを貸し出している。

3. 教育社会学における量的研究の展開

　前節で扱った基本概念をふまえ、本節では教育社会学における量的研究の展開を紹介する。量的研究全般の動向を広く具体的に扱うことは難しいため、個別の研究の内容については関連する章や文献をいくつかあ

---

[4]　質的データのデータアーカイブも存在する（武田 2009）【☞第4章】。

げたのでそちらを参照されたい。

3.1 多様な量的調査の実施と二次分析の隆盛

　教育社会学における量的調査を用いた一次分析の代表的な研究群として、学校を単位に生徒アンケートを実施したものがあげられる。とりわけ高校進学率が飽和する中、どのような高校に通うかがその後の進路を枠づけるとする**トラッキング【☞第6章】**概念を軸にした量的研究が1980年代以降に発展した。そこで行われた調査は、多くの場合、母集団から標本を確率的に抽出できておらず、生徒の家庭背景のような重要な質問も尋ねられていなかった。こうした研究が統計学的な面で精度を欠いていたのは事実であるが（中澤 2003）、学校や保護者からの協力が得にくい中で、一部の地域を対象とする周到なデザインのもと、文化活動への参加度などを家庭背景の代理指標とするなどの工夫により、実証研究としての根拠を示しながら状況を記述する貴重なものでもあった。

　量的調査を取り巻く環境の潮目が変わった1つの契機は、OECDが生徒の学習到達度調査である**PISA**（Programme for International Student Assessment）を2000年から3年ごとに実施するようになったことである【☞第5章、第8章、第14章】。PISAは、各国の教育機関に通う15歳の生徒（日本では高校1年生）を全国からランダムサンプリングしており、いわゆる学力だけでなく、生徒の家庭背景や本人のさまざまな意識および学校の情報などを尋ねている。PISAはOECDのウェブサイトから個票データがダウンロードできるようになっており、研究者による二次分析に開かれている。このように質の高い調査データが利用できるようになったことは、日本の教育社会学における量的研究の質を大きく高めるとともに、従来難しかった国際比較への道を開いた。また、国際機関が保護者のことなどを尋ねる調査を実施したことは、人々や行政の認識を

少しずつ変えたと思われる。

　2000年代以降、上述のPISAやTIMSSといった国際学力調査以外にも、教育に関連する質の高い量的調査が実施され、一定の期間を経たのちにデータアーカイブから公開されている。欧米ではアメリカのICPSR、イギリスのUKDA、ドイツのGESISといったデータアーカイブが早い段階から利用されてきたが、日本でも1998年に運用を開始した東京大学社会科学研究所のSSJデータアーカイブなどが教育社会学の領域でも多く利用されている。研究者だけでなく内閣府のような行政機関や民間企業が実施した調査も寄託されるようになってきており、また、多くのデータは一定の条件のもとに教育利用が許可されているため、大学の卒業論文でも個票データを用いた二次分析が盛んに行われている。

　教育社会学領域で公開されているデータとしては、たとえばこれまでの幅広い教育体験を回顧的に尋ねた全国調査（中村ほか編 2018）、全国の高校生とその母親を紐づけて実施された調査（中澤・藤原編 2015）、小学生から高校生までの親子を毎年継続的に追う大規模調査（東京大学社会科学研究所・ベネッセ教育総合研究所編 2020）や、成人を対象として2007年から実施されている追跡調査（石田ほか編 2020）などがある。近年は、調査会社のウェブモニターを通じた調査なども増加しており（杉野・平沢編 2023）、次項で示すような統計に関する考え方の深化と相まって、PISAのようなデザインでは検討できない問いを焦点とする調査も多く実施されるようになってきている。

3.2　分析手法の洗練と統計的因果推論

　前項で紹介したような質の高い量的データの収集に伴い、分析に用いられる統計手法も洗練されてきた。たとえば先述のPISAは、学校（レベル２）を抽出したあとに、そこから生徒（レベル１）を抽出するとい

う入れ子構造のデータになっており、それぞれのレベルに一定のサンプルサイズを確保している。このような入れ子構造のデータを効率的に扱う統計手法として、教育社会学では**マルチレベル分析**が多くの研究で用いられている。マルチレベル分析は、国の中の個人、地域の中の学校など、入れ子構造になっているデータの文脈効果を考えるうえで有用な分析方法として社会学領域で重宝されている。

　また、このマルチレベル分析と統計上の手続きは類似しているが、同一個人を継続的に調査した**パネル調査（縦断調査）**のデータを分析するにあたり、**固定効果モデリング**や**混合効果モデリング**も多く用いられるようになった。こうした手法は、個人間の差と同一個人内の変化を分けて扱うことで、**観察されない個人の異質性**を考慮に入れた分析を可能とする（Allison 2009＝2021）。

　こうしたパネル調査が近年多く実施されるようになった理由の１つは、量的研究において**統計的因果推論**の考え方が広く浸透してきたことにある（Pearl and MacKenzie 2018＝2022）。前節で紹介したように、社会科学における量的研究の困難の一部は、実験が行えないことに起因する。こうした困難がある中、因果関係の解明を行うための理論と方法を体系的に扱うのが統計的因果推論であり、学問分野を越えた広がりを示している（Morgan and Winship 2014＝2024）。観察データを用いた分析を行う際に、**因果ダイアグラム**を描くことで**バックドア基準**を満たす変数を特定するといったことは、社会科学における分析にあたっての実用上の有効な指針として共有されつつある。

　理想的な実験が実施できるのであれば、調査対象を介入群と非介入群にランダムに割り振ったうえで、２つの群の介入前と介入後の差における群間の差を見ることで処置による影響を検討できる。これは、**ランダム化比較試験（RCT）**とよばれる。だが、繰り返し述べているとおり、

社会科学においてこうした実験は容易ではない。そこで、これに準じた状況をうまくみつけて利用する**自然実験**や、周到に調査を工夫することによってそうした状況を作り出す**サーベイ実験**、観察データから介入の効果を検討できるように事後的に条件を揃える**傾向スコアマッチング**などの方法が提案されている。教育社会学の領域でも、統計的因果推論の考え方を適用することにより、これまでの知見を理論的にも統計的にもより精緻なものとしていくことが期待されている（藤原 2019）。

　統計的因果推論は、学問分野を越えて量的研究を統合的に理解するための方法論を提供している。しかし、社会学の目的が因果関係の解明だけにあるのかどうかには留保もつけられている（筒井 2023）。量的研究においても、変数間の関係性そのものの記述や、そうした関連の分類を通じて社会現象の理解を目的とするアプローチもある。教育社会学では、ピエール・ブルデューが用いたことで知られる**対応分析**をそうした方法に分類できるが、このほかにも**潜在クラス分析**や**ログリニア分析**など、回帰分析とは異なる哲学をもつ分析手法も広く利用されている。

3.3　EBPMと社会のデータ化

　ここまで見てきたように、近年統計的因果推論を共通言語に、質の高い量的データを用いて因果関係の解明を学問の垣根を越えて進めていこうという動きが多方面で見られる。こうした変化は、実証研究と政策の関係を大きく変えつつある。政策目的を明確化したうえで合理的根拠にもとづいて提案し、実施した政策の効果を測定して評価するサイクルは、**根拠にもとづく政策立案**（EBPM）とよばれ、多くの社会で重視されるようになっている【☞第8章】。

　EBPMにおける根拠は、広義には量的データに限定されるものではない。思いつきやエピソードではなく、他者によって検証可能な内容に

もとづいて議論を展開していくことがその主眼である。だが、1節で述べたとおり、数量的に物事を把握することは、個人的な解釈を越えたある種の「客観性」を生じさせるため、EBPMは量的データとの相性がよい。科学志向型EBPMとよばれる立場のように、統計的因果推論の立場から前項のRCTを頂点にエビデンスを序列づける考え方は一定の支持を得ている。

　日本におけるEBPMは、広義に解釈すれば2009年の統計法の全面改正を端緒とする（杉谷 2022）。この統計法の改正により、公的統計の個票データについても二次分析のために利用できる枠組みが整備された。また2007年に1960年代から中断されていた学力調査が**全国学力・学習状況調査**として再開したことなども、広くは政策実施の根拠を量的調査から得られるエビデンスに求める流れと一致している。

　EBPMは、パーソナルコンピュータを含む電子機器の処理能力向上とネット環境の整備による社会のデジタル化と相まって、量的データを重視する「社会のデータ化」と相互に補強しあう関係にある。近年のGIGAスクール構想のもとでの教育のICT化と官民の協力体制も、教育現場へのデジタル端末導入を通じて数値化しやすいデータを継続的に蓄積し、今後の教育政策の根拠として利用していくことが意図されている（大江・大根田 2023）。

4.　量的研究をめぐる課題

　教育社会学の研究を行っていくうえでは、具体的な研究対象についての知識や理論とは別に、研究方法について学ぶ必要がある。さらに難しいことをいえば、方法は研究の背後仮説とも結びつくため【☞第9章】、研究対象や理論と完全に独立して考えられるわけではない。方法を学ぶことは、理論や対象を学ぶこととともつながっているのである。

社会のデータ化から立ち上がる「客観性」は、グローバル化が進展し【☞第14章】、何が正しいかを絶えず問い直される再帰的近代【☞第2章】において、文脈を越えた説得力を担保するためにも重宝されていくことになる。だが、ある社会で統計的にロバストな効果をもつ（**内的妥当性**が高い）と評価された政策が、別の時代や社会に移し替えても同じように機能するかという**外的妥当性**の問題は、社会学を学んだものであれば誰もが気にすることである。教育に関わる現象の背後にあるメカニズムについての社会学的想像力を働かせながら、適切な研究方法にもとづいた知見をエビデンスとして提示していくことのできる専門家や研究者を教育社会学の領域も育成していく必要がある。

　近年、教育の領域にもEBPMを旗印とした政策が導入されつつある。EBPMは、正しく実行されるのであれば、個人の思いつきのような政策が根拠なしに展開されるより望ましい（松岡編 2021）。だが、特定のモノサシで測定することは、そのモノサシで人々を序列化することとも表裏一体であるし、採用されたモノサシ自体の妥当性が検証の対象となりにくいことにも注意が必要である。調査は増えてきているものの、大規模な調査でさえ、専門家からは設計に問題があるという指摘もなされている（川口 2020）。量的データを得ることが目的化してしまい、本来それを測定することで解決すべき問題をかえって悪化させる「測りすぎ」の問題も私たちの身近なものになってきている（Muller 2018＝2019）。行政と研究者の連携関係の構築（中村ほか 2023）なども含め、政策科学としての教育社会学がどのような役割を果たしていくかが問われているといえよう。

学習課題

①学校で行われている教育実践を対象に、量的データを用いて検討することで、なんらかの有益な視点を提供できそうな例を1つ考えてみよう。その際、どのような結果が得られたら何が言えそうなのかというところまで、できるだけ具体的に考えること。

②測定すること自体が目的となってしまい、本来の目的が果たされていなさそうな「測りすぎ」の例を教育に関わることで探してみよう。また、見つけることができたら、そのようになってしまった理由を考え、改善のためのアイデアを出してみよう。

参考文献

林岳彦，2024，『はじめての統計的因果推論』岩波書店．

耳塚寛明監修，中西啓喜編，2021，『教育を読み解くデータサイエンス——データ収集と分析の論理』ミネルヴァ書房．

轟亮・杉野勇・平沢和司編，2021，『入門・社会調査法——2ステップで基礎から学ぶ〔第4版〕』法律文化社．

岩井紀子・保田時男，2007，『調査データ分析の基礎——JGSSデータとオンライン集計の活用』有斐閣．

4 | 教育社会学の研究方法（2）質的研究

額賀美紗子

《目標＆ポイント》　本章では、質的研究の目的や特徴、理論的背景について学ぶ。教育社会学でよく用いられる異なるアプローチについて理解を深め、優れた質的研究を行うために必要な基本的知識を獲得する。
《キーワード》　質的データ、生活世界、解釈的アプローチ、リフレクシビティ、研究倫理

はじめに

　アメリカでベストセラーになった質的研究に『ヤバい社会学——一日だけのギャング・リーダー』（Venkatesh 2008＝2009）という本がある。その冒頭を紹介しよう。著者のS.ヴェンカテッシュは当時シカゴ大学の大学院生。シカゴの最貧困地域に住む黒人の若者の経験を知りたいと思い、まずはアンケート用紙を携えて団地周辺をうろうろ歩き回った。不審な行動はすぐにギャング集団の目に留まり、リーダーの「JT」に目的を問われる。調査のことを告げると意外にも受け入れてくれた。ヴェンカテッシュはアンケートの質問を読み上げる。

　　S：「貧しい黒人であることについてどう感じていますか？『とても
　　　　悪い、いくらか悪い、よくも悪くもない、いくらかよい、とても
　　　　よい』」
　JT：「オレは黒人じゃねえよ」
　　S：「なるほど、それでは、貧しいアフリカ系アメリカ人であること

についてどう感じていますか？」

JT：「オレはアフリカ系アメリカ人でもねえな。おれはニガーだ。…（中
　　　略）…アフリカ系アメリカ人はネクタイ締めて仕事に行く。ニ
　　　ガーは仕事なんかもらえない」

　このやりとりからは、スラムに住むギャングたちの経験や感情を知る
方法としてアンケートは適していないことがわかるだろう。前章で見た
ように、アンケートは大規模な数値データをもとに、集団の一般的傾向
をつかむことには適しているが、標準化された質問と尺度は、人々の経
験や意識や感情を深く知ることには向いていない。翻って、質的研究は、
扱う事例は少数であるが、丁寧なやりとりの中でデータを集め、人々の
生活世界や経験を詳細に描き出すことに主眼がおかれる。特に、アンケー
トへの協力を求めるのが難しい集団の文化を深く理解するうえで有効で
ある。本章では質的研究の特徴とさまざまなアプローチを学び、その有
用性と課題について考えてみよう。

1. 質的研究の特徴

　質的研究は非常に幅広いアプローチを含む手法だが、共通点の１つは
質的データを使用する点にある。質的データとは、非数量的なデータを
指し、具体的には観察記録、人の語り、会話、日記、手紙、新聞記事、
政策文書、報告書や記録、画像、映像、音楽などが含まれる。音声や画
像のデータであっても、文字に起こしたテキストを分析することが一般
的である。つまり、質的データとは人々の経験、意味づけ、感情などを
言葉で記述したさまざまなテキストデータのことを意味する。

　さらに、これらは研究者自身が収集した**一次データ**と、研究者以外の
第三者が作成した**二次データ**に分類できる。質的な一次データの代表例

としては、現場の観察記録としての**フィールドノーツ**や、**インタビューデータ**がある。これらの質的データは、研究者が人々と直接関わりあいながら、その相互作用の中で収集されたものであるという点に特徴がある。二次データは新聞記事や政策文書などに代表される資料である。近年は第三者が収集したインタビューのデータを**デジタル・アーカイブ**で共有する動きもあり、この場合はインタビューデータであっても二次データという扱いになる。

　では質的研究の特徴は何だろうか。質的研究について多くの著作を記しているフリック（2007=2016）は次のように述べている。

　　質的研究は「そこにある」世界（実験室のような特別に作られた研究状況ではなく）にアプローチし、「内側から」社会現象を理解し、記述し、時には説明することを意図する。しかしそのやり方は実にさまざまである。…（中略）…このようなアプローチに共通するのは、人びとは周りにある世界をどのように作り上げるのか、人びとは何をしているのか、人びとに何が起きているのかを、意味のある豊かな洞察を与える言葉でひも解こうと試みることである。

　上記の内容についてもう少し詳しく説明しよう。まず、質的調査が対象とするのは人々にとってあたりまえの、ありふれた日常の**生活世界**である。特に注目するのは、人々が日常生活の中で、物事や人や他者とのやりとりに対してどのような**主観的意味づけ**を行っているかという点である。学校生活を例にとってみると、質的研究は子どもたちが「学校に行く」ことをどのように経験し、解釈しているのかという点に関心がある。先生たちが「教える」ということをどのように実践し、その背後にはどのような意図や目的があるのかという問いも質的研究の関心事であ

第4章　教育社会学の研究方法（2）質的研究　**57**

る。一見「あたりまえ」のように見える学校生活は、教師や生徒による多様な活動と解釈が折り重なって形作られている。質的研究は、こうした人々の意味づけに焦点を当て、それらの集積が日常の生活世界を構築するプロセスに関心がある。

　このような関心は、質的研究における社会的現実（リアリティ）の捉え方と密接に結びついている。質的研究は、リアリティが人々の主観的な意味づけによって構築されているという考え方に立って、人々の解釈行動を重視する。これは**解釈的アプローチ**とよばれ、その源流にはフッサールの**現象学**やウェーバーの**理解社会学**【☞第1章】がある。解釈的アプローチからすると、日常のリアリティは人々の多様な経験と主観的な解釈が交錯しながら形成されるものであり、客観的に測定し数値化できるとは考えない。質的研究では、人々の解釈から成り立つ複雑なリアリティの姿を自然な形で研究することに主眼がおかれるのである。

　このために必要なのが、「**内側から（emic）**」のアプローチである。これは、研究者が研究対象となる人々（＝**調査協力者**）の視点から生活世界を理解することを意味する。その具体的な方法として、**参与観察**や**インタビュー**が用いられる。参与観察とは、人々が生活する現場に出かけて行って、その人たちと同じ活動に参加しながら何が起こっているかを詳細に記録する方法である。質的研究で用いられるインタビューにはさまざまな種類があるが、質問と応答のやりとりの中で調査協力者の語りを聴くことが基本にある。参与観察でもインタビューでも、重要なことは**データに語らせる**ことである。そして、人々の経験に肉薄する豊かなデータから研究の問いや仮説を立ち上げる志向性である。このため、**仮説検証型**の量的研究【☞第3章】に対して、質的研究は**仮説生成型**ともいわれる。前者では調査の開始時に検証すべき仮説があるが、質的研究ではデータ収集と分析が同時進行的であり、その過程の中で重要な問

いや仮説が浮かびあがってくる。

　また、アンケートと異なり、参与観察やインタビューは**調査者自身が調査の道具立てになる**という点に大きな特徴がある。このことは、同じ現場で参与観察をしたり同じ人物にインタビューを実施したりしたとしても、研究者の理論的関心、現場でのふるまい方や質問の仕方、属性——年齢、性別、社会的地位など——によって、得られるデータが異なってくるということを意味する。つまり、質的研究で描き出されるリアリティは、研究者のフィルターを通して描かれた現場や人についての「**部分的真実**」（Clifford and Marcus 1986＝1996）である。ここに質的研究のおもしろさと難しさがある。参与観察やインタビューを通じて収集したデータは、その人だからこそ集められたオリジナリティの高いものであり、そこから新しい知見を見出せる可能性を期待できる。

　一方で、研究者自身が調査の道具立てであるということは、研究者一人ひとりの個性がデータ収集や分析に大きな影響を与えるということである。そのため、質的研究は「客観的でない」という指摘が以前は見られた。しかしこうした批判は質的研究に対する正当な評価ではない。解釈的アプローチの立場からは、研究者もまたリアリティを構成する一員であるという考え方を提起できる。そのため、研究者が及ぼす影響を含めて人々の経験や語りを描き出すこと、さらには研究者の調査における**立場性**（ポジショナリティ）がデータの収集や分析、最終的な報告書にどのような影響を与えたかをきちんと記述することが大切である。自己の調査プロセスを反省的にふりかえることを**自己再帰性**（リフレクシビティ）といい、質的研究における近年の重要な考え方になっている。

2.　教育社会学における多様な質的研究のアプローチ

　質的研究の多様なバリエーションのうち、本節では一次データを扱う

質的研究の中で、教育社会学の領域において多く使われているアプローチを紹介する[1]。

表4−1：教育社会学でよく使われる質的研究のアプローチ（一次データを使用）[2]

	目的	主なデータの収集方法	分析の焦点	バリエーション
エスノグラフィー	文化の全体像の生き生きとした記述と理解	長期間にわたる参与観察、インタビュー、現場における資料収集も含めたフィールドワーク	コミュニティの日常生活、慣習、信念、相互作用の分厚い記述と理解	チーム・エスノグラフィー マルチサイテッド・エスノグラフィー オートエスノグラフィー
ナラティブ・アプローチ	個人の経験の深い理解	インタビューによる個人の語り、日記や自伝などの資料	ナラティブ（物語）の形成、ナラティブと社会文化的文脈との関係性、ナラティブの対話的構築	ライフストーリー ライフヒストリー
グラウンデッド・セオリー・アプローチ（GTA）	現場に密着した理論の生成	半構造化インタビュー、参与観察	コーディングによる概念やパターンの抽出と理論生成	修正版グラウンデッド・セオリー・アプローチ（M-GTA）
エスノメソドロジー	日常生活世界を成り立たせる「あたりまえ」の解明	会話の録音、現場の録画、参与観察	日常の相互作用、ルーティン、コミュニケーションの方法	会話分析
アクション・リサーチ	現場の課題解決と変革、インフォーマントのエンパワメント	研究者とインフォーマントの間の協働的な調査と実践の往還	現場の課題の特定、参加者と研究者双方の知識の共有と活用、変革のプロセス	参加型アクション・リサーチ

---

[1] 質的な二次データを使用する方法として言説分析や内容分析がある。言説分析は、広く流通している人々の語り（＝言説）を対象としてその背後にある社会制度や権力を明らかにしようとするアプローチである。内容分析では新聞や雑誌記事などの二次データを大量に扱い、その中に見られるパターンを抽出するために、統計ソフトウェアを用いたテキストマイニングという手法も用いられる。その点で内容分析は手法としては量的研究に位置づけることもできる。

[2] 分類にあたっては、参照されることの多いクレスウェル（2013）の質的研究の5類型（ナラティブ・アプローチ、エスノグラフィー、グラウンデッド・セオリー・アプローチ、現象学、ケーススタディ）を参考に作成した。国内の教育社会学では、現象学が用いられることは少ない。一方、多くの質的研究は1つか2つのケース（事例）に密着して調査をするという意味でケーススタディといえ、本章では分類としては採用していない。

2.1　エスノグラフィー

　エスノグラフィーはある現場における人々の意味づけやその総体としての文化を理解し、記述することが目的である。長期にわたって現場に入りこみ、参与観察、インタビュー、資料収集などを含む**フィールドワーク**を行う。特に重要なのは参与観察で、現場で見聞きしたことをフィールドノーツとして記し、それをデータとして現場で何が起きているかを帰納的に分析する。調査協力者と信頼関係（**ラポール**）を築き、「内側からの視点」に立って、人々の解釈活動をその活動が行われる文脈ごと詳細に描き出す。すなわち「**厚い記述**」をすることが重要である。

　エスノグラフィーのルーツは19世紀の文化人類学に始まり、1920年代にはアメリカの社会学に取り入れられ、急速に発展する都市の生活と文化を理解する手法として確立した。その後は手法の定式化と多様化が進み、近年は複数の研究者が協働することで現場の文化の多声性を描き出そうとする**チーム・エスノグラフィー**、研究者も複数の地域を移動しながら、人やモノの空間的移動を追跡する**マルチサイテッド・エスノグラフィー**、研究者自身の個人的な経験をデータとしてそれを内省的に分析することで文化や社会の理解につなげようとする**オートエスノグラフィー**など、新しいエスノグラフィーの開発が行われている（藤田・北村編 2013）。

2.2　ナラティブ・アプローチ

　ナラティブ・アプローチは人々の生きられた経験を「物語」（ナラティブ）として理解し、記述することを目的とする。調査協力者の経験や感情を深く掘り下げるインタビューが主に用いられる。その中でも、**ライフヒストリー**は、個人の生活の履歴を時系列に沿って詳細に聴きとったり、時には日記や自伝などの資料も用いたりしながら、出来事、経験、

意味づけ、感情などを社会文化的文脈と結びつけながら物語として再構成して記述することに焦点がある。**ライフストーリー**は、ライフヒストリーから発展した手法で、人間の複雑な生の全体性を描き出すことをめざす。研究者のリフレクシビティを重視し、インタビューは対話場面において構築される語りであるという点に細心の注意が払われる。どのように語ったかに焦点が当たり、研究者の質問の仕方なども分析対象となる（桜井 2002）。

2.3　グラウンデッド・セオリー・アプローチ

　グラウンデッド・セオリー・アプローチ（**GTA**）は、ある現場における人々の行動や意味づけのパターンやその背後にあるメカニズムを説明することに主眼があり、現場に根ざした（＝グラウンデッド）、リアリティのある理論を生成することを目的とする（Glaser and Strauss 1965＝1988）。GTAの主なデータ収集法は参与観察やインタビューである。特に、**半構造化インタビュー**が多用される。半構造化インタビューは質問項目をリスト化した**インタビューガイド**をもとに、実際のインタビュー場面では臨機応変に質問の順序を入れ替えたり、聞き方を変えたり、深掘りをしたりする方法である。分析はコーディングによる概念の抽出と概念間の関連づけが中心になるが、オリジナルのGTAは大変細かい手続きをふむので、より使いやすさをめざした修正版GTA（M-GTA、木下 2020）もよく活用されている。

2.4　エスノメソドロジー

　エスノメソドロジーは、人々が日常生活を成り立たせている方法（メソッド）に関心があり、あたりまえすぎて意識されることのないルールや慣習を人々がどのように構築し、秩序を維持しているかを明らかにす

ることが目的である（Garfinkel 1967=1987）。データとしては、参与観察やインタビュー、日記や自伝などのほか、会話場面を録音・録画して文字に起こしたデータがよく用いられる。これは**会話分析**という手法で、会話の中に潜む暗黙のルールや構造を明らかにすることに主眼がある。よく知られた知見として、会話における発話交代（ターンテイキング）がある。誰がどのようなタイミングで語るのかを中心に会話データを詳細に分析すると、人々は「交代に話す」というルールを実践しながら会話を成立させていることがわかる。言われてみればあたりまえのことのように思えるが、私たちは指摘されるまでそうしたルールの存在に気づかない。こうしたあたりまえであるが意識されないルールを明らかにしようとするのがエスノメソドロジーである。

2.5　アクション・リサーチ

　アクション・リサーチは、調査によって影響を受けるコミュニティの人々が研究者と協働しながら調査と実践を積み重ね、その過程においてコミュニティで生じている課題を深く理解し、解決に向けて行動することを目的とする。参与観察やインタビュー、文献調査などが行われると同時に、課題解決に向けたワークショップを開催してその活動自体を調査データとすることもある。これまで紹介した質的研究法と大きく異なるのは、アクション・リサーチが**研究者の特権**を批判的に捉えなおし、「研究者による、研究者のための調査」を乗り越えようとする立場をとっている点である。特に、近年注目されている**参加型アクション・リサーチ**は、研究者と現場の人々の対等な関係性をめざし、協働的な調査と実践を通じて研究成果を現場の改善だけではなく、そこにいる人々のスキルや知識、自己有能観の向上（＝**エンパワメント**）のために活かそうとする点に特徴がある。

第4章　教育社会学の研究方法（2）質的研究　　**63**

　以上5つのアプローチを紹介してきたが、これは質的研究を進めるにあたってどれか1つのアプローチに固執しなくてはいけないということではない。実際は2つ以上のアプローチを結びつけることもあり、特にエスノグラフィーは他の研究法と併用されることも多い。異なるアプローチやデータを組み合わせることを**トライアンギュレーション**という。質的調査と量的調査を組み合わせる**混合研究法**も近年注目を集めている（Creswell 2014＝2017）。重要なことは、研究の問いに対して適切な方法論（の組み合わせ）を選ぶことであり、そのためにも各アプローチの特徴をよく理解しておく必要がある。

3. 教育社会学における質的研究の貢献

　教育社会学における質的研究が増えたのは欧米で解釈的アプローチに注目が集まるようになった1970年代以降であり、日本の教育社会学では2000年代以降に質的研究が急増した。その貢献を以下の4つのポイントにまとめる。

3.1　さまざまな場や集団における文化の解明

　教育社会学において学校は子どもの社会化や将来の社会的地位に影響を及ぼす重要な要因とされてきたが、学校の中で何が起こっているのかということについては長らく解明されていなかった。質的研究は、ブラックボックスになっていた学校の内部過程とその文化を、教師や生徒の視点から詳細に描き出すことに寄与した。特にエスノグラフィーの手法は、生徒と教師の相互作用の中で構築される**学校文化**、**教師文化**、**生徒文化**の多様性を明らかにし、それらが子どものアイデンティティと地位達成に結びつく過程を、生き生きとした現場の描写とともに描き出した。参与観察やインタビューを通じて学校の諸活動を丹念に記述・分析するこ

とにより、**隠れたカリキュラム**【☞第5章、第12章】を通じて生徒が**ジェンダー分化**していく過程や（木村 1999など）、障害のある生徒、貧困家庭に育つ生徒、移民背景のある生徒に対する**同化**と**排除**の過程（児島 2006など）、課題集中校における教師のさまざまな戦略（**ストラテジー**【☞第5章】）（伊藤 2017など）について知見の蓄積が見られる。近年は学校だけではなく、家庭、地域社会、子どもや若者の仲間集団をフィールドとした質的研究も増え、人々が作り出す文化的空間とその過程で生じる葛藤や影響を内側の視点から明らかにしている。

3.2 人々の主観的経験と社会構造の関連の解明

　教育社会学の質的研究は、教師や親といった社会化の担い手が負う役割意識やアイデンティティの形成過程を明らかにするのに役立てられてきた。子どもを「教える」ことや「育てる」ことの意味、付随する困難、ストラテジー、そのキャリアが当事者の視点から彼らが生活する文脈ごと描き出されている。また、子どもや若者の視点に立ち、学校経験や進路形成におけるかれらの意味づけを丹念に描き出す研究も多い。さらに、近年は社会構造の中で周縁化されている**マイノリティの声**をくみ取る質的研究が増え、障害のある教師や貧困家庭に育つ子ども、移民背景のある子どもや若者の生活世界などがナラティブとして考察されている。また、アカデミック・ハラスメントを受けた学生（湯川 2014）や、夢を追うロック系バンドのミュージシャン（野村 2023）などにインタビューを行うことで、現代の社会課題に迫ろうとする事例研究も見られる。これらの研究は、**他者理解**を促すと同時に、格差、貧困、差別といった社会構造的な問題が、ミクロな場における人々の相互作用の中で意味づけられ、再構築されるプロセスを豊富な事例とともに明らかにしている。

3.3 教室や学校における秩序の構築過程の解明

　教育社会学におけるエスノメソドロジー研究でよく知られているのが、H.メハン（1979）が発展させた**IRE連鎖**である。メハンは、教師と生徒の会話がどのように教室内の学習環境と秩序を維持しているかを探究し、その結果、教師が発話する（Initiation）、生徒が応答する（Response）、教師がその応答を評価する（Evaluation）というパターンが暗黙のうちに繰り返され、教室の「あたりまえ」になっていることを指摘した。このIRE連鎖は生徒と教師の間の権力関係や、生徒の学習経験を理解するうえで重要な示唆をもち、その後多くの研究に参照されて理論的な発展を遂げている。近年はこの領域における対象とデータが多様化し、映像データを用いて障害児と健常の教師・子どもの相互行為の中で「障害児」というカテゴリーが構築・付与されていく過程を明らかにした研究（鶴田 2018）や、教師同士の会話をデータとして教師たちが学校の秩序を組織化し、教師であることを実践していく過程を分析した研究（鈴木 2022）など、バリエーションが広がっている。

3.4 研究成果の現場への還元

　教育社会学は教育をテーマとしてそれに関連する事象の解明をめざすディシプリンであるが、現実の問題解決に役立たないという批判もある。そうした中、教育社会学の知見を、現場で生じるさまざまな問題への処方箋として活用する「**臨床**」のアプローチを重視する研究も見られるようになった。この臨床的アプローチは、GTAやアクション・リサーチの方法と親和的である。たとえば、酒井編（2007）は、商業高校で生徒の進学支援をしながら調査研究を進め、生徒たちの「進路の物語」の背後にあるロジックを分析し、その認識を尊重しながらかれらをより堅実な進路に導いていくアクション・リサーチを行った。その過程では高校

教員や支援にあたる大学院生、そして生徒たちとの信頼と協働関係が構築され、学校の進学実績の向上とともに、教師が生徒の学習と進路形成に積極的に関わる学校文化が醸成されていった。このように、研究と実践を往還しながら現場の変革に資することも、教育社会学における質的研究の新たな貢献といえるだろう。

4. 質的研究をめぐる課題

質的研究は「あまりにも人間的な方法で、市民的・参加的・協働的な取り組み」だといわれる（Denzin and Lincoln 2005＝2006）。その理由は、本章で見てきたように質的研究が人々と密接に関わりあいながら調査を進めるからであるし、研究者自身の人間性がデータの収集から分析、論文の執筆までの過程に大きく影響を与えつづけるからである。最後に、この点から質的研究の課題を提示しよう。

1つは、質的研究をどう評価するか、それと関連してどのように質的研究の質を高めるかという問題である。伝統的な社会科学の評価基準としては**客観性、再現性、妥当性**がある。しかし、質的研究を評価するうえでこれらの基準をそのまま適用するわけにはいかないという見解が多く示され、代替的基準の提案も続いている。前述のように、質的研究はリアリティを客観的に測定できるという立場にはそもそも立っていない。同じ手続きをふめば何回調査をしても同じ結果が得られるという再現性も、質的研究の性質にはそぐわない。しかし、リアリティを適切に捉えているかという妥当性は、質的研究の評価軸として関心を集めている。その方法の1つに、研究者が収集したデータや解釈を調査協力者に確認してもらい、フィードバックを受けるという**メンバーチェッキング**のプロセスがある。また、リフレクシビティを含めてどのようにデータを集め解釈したのかをしっかりと記述し、研究プロセスの透明性を担保

することも、妥当性の検証に適している。データおよびデータの収集方法を丁寧に記述し、第三者による反証可能性を担保することが優れた質的研究につながるだろう。

　もう1つは、質的研究における倫理の問題である。すべての社会調査は人々の生活への介入であるが、特に人と直接関わる質的研究者はそのことを深く自覚し、調査に協力してくれる人たちへの敬意と感謝を忘れてはいけない。調査開始前には、調査の目的や内容を詳しく説明する**インフォームド・コンセント**を行い、調査協力への同意を得ることが重要である。近年は日本でも多くの教育機関が**研究倫理審査**を設けるようになっているので、こうした審査プロセスが所属機関にある場合は事前に研究を申請して承認を得ておくことを勧めたい。調査中は**守秘義務**を遵守し、自身の研究目的のために調査協力者の権利を侵害する言動は慎むことを心がけよう。報告書や論文執筆の際には、人物や場所の**匿名性**を担保し、さらに書かれたものが調査協力者に与える影響を見越して、書き控えなければいけないことや、書き方を工夫したりする必要もでてくる。つまり、質的研究は具体的な人や場所を事例として扱い、その人たちと直接関わりあう手法であるがゆえに、研究のすべてのプロセスにおいて細やかな倫理的配慮が要請される。この責任を自覚することが、優れた質的研究を生み出すうえで重要な要素になるといえるだろう。

学習課題

①本章で取り上げた5つの質的アプローチについて、その目的、特徴、データ収集と分析の方法をより詳しく調べてみよう。また、これらのアプローチを使った論文や書籍を探し、どのようにデータが収集され、活用されているかを検討してみよう。

②自分が関心のあるテーマについて質的調査を用いるとしたら、どのアプローチを用いるのがよいかをその理由とともに考え、具体的な調査計画を書いてみよう。さらに、他の質的調査のアプローチや量的調査と組み合わせるとしたら、どのような研究計画になるだろうか。考えてみよう。

参考文献

小田博志, 2023,『エスノグラフィー入門——＜現場＞を質的研究する（改訂版）』春秋社.

メリアム, S. B. 著, 堀薫夫・久保真人・成島美弥訳, 2004,『質的調査法入門——教育における調査法とケース・スタディ』ミネルヴァ書房.（Merriam, S. B., 1998, *Qualitative Research and Case Study Applications in Education*, Jossey-Bass Publishers.）

フリック, U. 著, 小田博志・山本則子・春日常・宮地尚子訳, 2011,『質的研究入門：＜人間の科学＞のための方法論』春秋社.（Flick, U., 2009, *An Introduction to Qualitative Research*, Sage Publications.）

5 | 学校の社会学（1）教育の内容と方法

中村高康

《**目標＆ポイント**》　学校の中心的活動の1つは授業であり、授業のベースにあるのは教育内容と教育方法である。これらのあり方もまた社会の仕組みや考え方と密接に関わっている。ここでは教育内容や教育方法の背後にある社会的・歴史的意味を論じる。

《**キーワード**》　知識の階層化、教育実践の社会的バイアス、ペダゴジーの社会学、グローバリゼーション、教育の職業的レリバンス

はじめに

　日本では、学校で学ぶべき内容は文部科学省の**学習指導要領**によって大枠を定められている。だが、その内容はさまざまな社会的条件の変化に伴って変わってきた。そのことを考えるために、まず1947年の戦後最初の学習指導要領（文部省『学習指導要領　一般編（試案）』）を見てみよう。

　図5-1（第3章の「三　新制中学校の教科と時間数」）を見てみると、「習字」「職業」「自由研究」といった今日では耳慣れない科目が並んでいる。たとえば、「職業」は「生徒は農，商，工，水産，家庭のうちの一科目又は数科目をきめて学習することになっている」とある。この時代にはまだ多かった中学校卒業後すぐ就職する生徒に対応した科目だということは、容易に想像がつくだろう。「自由研究」は「児童や青年の自発的な活動のなされる余裕の時間として，個性の伸長に資し，教科の時間内では伸ばしがたい活動のために，教師や学校長の考えによって，

教科	学年	7	8	9
必修科目	国語	175（5）	175（5）	175（5）
	習字	35（1）	35（1）	
	社会	175（5）	140（4）	140（4）
	国史		35（1）	70（2）
	数学	140（4）	140（4）	140（4）
	理科	140（4）	140（4）	140（4）
	音楽	70（2）	70（2）	70（2）
	図画工作	70（2）	70（2）	70（2）
	体育	105（3）	105（3）	105（3）
	職業 （農業、商業、水産、工業、家庭）	140（4）	140（4）	140（4）
	必修科目計	1050（30）	1050（30）	1050（30）
選択科目	外国語	35-140 (1-4)	35-140 (1-4)	35-140 (1-4)
	習字			35（1）
	職業	35-140 (1-4)	35-140 (1-4)	35-140 (1-4)
	自由研究	35-140 (1-4)	35-140 (1-4)	35-140 (1-4)
	選択科目計	35-140 (1-4)	35-140 (1-4)	35-140 (1-4)
総　　　計		1050-1190 (30-34)	1050-1190 (30-34)	1050-1190 (30-34)

図５－１　1947年学習指導要領（試案）における中学校教育課程

（https://erid.nier.go.jp/guideline.html）

この時間を用いたい」と説明されており、この時代の教育思想（この章の2節で述べる**経験主義教育**）を反映しているようだ。また、現代では中学校教育の中心的位置の一角を占める「外国語」が、まだ選択科目であったことにも気づく（寺沢 2014）。

　もちろん、現代とは共通の教育内容もあるわけであるが、このように時代によって異なる教育内容（そして教育方法も）は、社会の状態と関わりがある。社会の観点から教育内容と方法を考える視点を、この章では扱う。

1. 教育社会学は「教育の内容と方法」をどのように議論してきたか

1.1　教育内容はどのように決まっているのか？：知識の階層化

　教育内容はどのように決まっているのか？と聞かれたら、あなたはなんと答えるだろうか。素朴にみれば、それぞれの教科の内容は、その教科の知識の体系にしたがって必要な内容をその教科の専門家が議論して決定している、と考えられる。数学なら、数学者や数学教育の専門家、社会なら社会科学研究者や社会科教育の学者や実践家、といった具合に、である。だから、カリキュラムを作った人を100％信頼するのであれば、私たちは合理的に必要なものを必要なだけ学んでいるということになる。

　しかし、当然ながら現実は違う。各学校段階でそれぞれの教科を教える時間は限られている。おのずから内容の取捨選択をしなければならない。こういった現実的制約の中では特に、「どの内容を入れ、どの内容を外すのか」ということをめぐって、知識体系とはかなり異なる事情が強く作用することも頻繁にある。

　このように、学校で教えられる知識には、序列が良かれ悪しかれ形作

られている。これは**知識の階層化**とよばれている（Young 1998＝2002）。私たちは、教える知識をある程度恣意的に選び、序列づけ、優先順位の高いと判断したものだけを教えている。いいかえれば、今の社会、日本という社会で優先的に教えられる知識や技能が、別の時代、他の社会において同じように優先順位の高い知識や技能である保証はないのである。

1.2　誰のための教育内容・教育方法か？：教育実践の社会的バイアス

　では教育内容は何によって序列づけられているのだろうか。学校で教えられる内容について、私たちはいちいち多数決をとったりアンケートをとったりして決めているわけではない。だから、教育内容（たとえば日本でいえば学習指導要領）を決定する権限をもった人たち、あるいはその人たちに影響力を行使できる人たちが決めている。仮にその決定権者たちに悪意がなかったとしても、そこで重視される内容は「ある特定の観点」から序列づけられたものとなる。少し想像してもらえればわかるように、その決定権者は庶民の代表者であることはむしろ少なく、社会的に恵まれた層の人々（政治家、官僚、学者、その他知識人や有識者等々…）によって構成される。ゆえに、そこで選び取られた序列づけの基準は、権力ある人々にとって支配的な価値観を反映したものが採用されることになる。

　こうして学校は教育内容（**カリキュラム**）を通じて恵まれた社会階層による支配とその正当化を実現する装置としての意味を帯びることになる。このような見方はこれまで**葛藤理論**【☞第6章】の系譜の教育社会学においてよく主張されてきた。たとえば、アメリカの資本主義体制を分析する中でボウルズとギンタス（1976＝2008）は、労働者階級が子どもに労働現場と同様に規則に従うなどの厳格な教育を求める一方で、専

門職や自営の親はその職務の自律性に対応する形で自由な教育を求め、実際の学校もそうした社会関係に対応する形で構造化されているとし、これを**対応原理**【☞第1章】とよんだ。同様に、**アップルやジルー**に代表される批判的教育学者たちもまた、公的なカリキュラムが表面上は中立を装いながらも実は権力関係を温存するイデオロギーを内包し、不平等な構造を再生産していることを指摘している。アップルの『学校幻想とカリキュラム』（1979=1986）は、特定文化やイデオロギーを帯びた学校知識がいかにして公的知識として代表されるようになるのかを問い、カリキュラムを政治的問題として捉えたのである。

　このように、学校で教えられる教育内容は多分に既存の社会秩序を反映しており、そこには別の観点から見れば「歪み」に見えるものも含まれるのである。また、こうした教育内容は、正規のカリキュラムに現われない場面で暗黙のうちに伝えられるメッセージとして教育システムの中に散りばめられているということも、しばしば指摘されてきた。いわゆる**隠れたカリキュラム**【☞第4章、第12章】である。たとえば、学校で児童や生徒の名簿を作って配る際に、男女で分けて、なおかつ男子を先に配置するような名簿を作ることが、既存の「男女は別、男子が先」といったような**ジェンダー・バイアス**を子どもたちに暗黙のうちに伝える役割をもつ、などと指摘される【☞第12章】。

1.3　新しい教育社会学とペダゴジーの社会学

　教育の内容や方法は、かねてより教育社会学でも扱われてきたものではあるが、「経済発展と教育」「社会階層と教育」といったマクロな社会構造に焦点が当たる中で十分に検討されていないという批判も昔からあった。そうした批判の動きとして1970年代のイギリスで注目された**新しい教育社会学**がある。それを唱道する**ヤング**（1971）らが注目したの

が、カリキュラムであり、教室における相互作用であり、学校の内部過程であったため、教育社会学の質的研究への関心を高めるテーマともなってきた【☞第4章】。たとえば、教育方法はしばしば教師自身の教室での立ち位置の確保という意味を織り込んでなされることもあり、そうした意味は教室を観察する中で明らかとなる。こうした教室秩序の維持を優先した教育実践の方法を**サバイバル・ストラテジー**（Woods 1977）とよんで、通常の教育実践と切り分け、従来よりもリアルに実践を捉えようとする概念も提案されてきたのである。

　また、新しい教育社会学と関心を共有するイギリスの教育社会学者**バーンスティン**は、教育内容・教育方法を含む教育という営為や言説をも包含する**ペダゴジーの社会学**を構築したことで知られる（Bernstein 1996=2000）。そこでキーとなるのは教育内容（とりわけ教科）の境界の明確さの程度を示す**分類**と、教育実践における教師の方向づけの強さの程度を表す**枠付け**という概念であり、これらによって教育現象の包括的記述が可能となっている。社会的バイアスとの関連では、初期のバーンスティン理論において提示された、教育のやり方に関する**見える教育方法（ペダゴジー）**と**見えない教育方法（ペダゴジー）**の区分もよく知られている。前者は、強い分類・強い枠付けの教育であり、通常の一斉授業のようなものとイメージが重なり、あらかじめ決められたカリキュラムや計画にしたがって教師主導ですすむ教育方法である。後者は、弱い分類・弱い枠付けを典型としてもち、児童・生徒の主体性を重視した教育で、総合的な学習の時間などのイメージが近い。バーンスティンは、見える教育方法よりも見えない教育方法のほうが中産階級に合っており、社会階級間の学力格差を拡大する可能性があることを指摘している（Bernstein 1975=1980）。

2. 「教育の内容と方法」についてどのようなことが明らかにされてきたか

2.1 日本における「教育の内容と方法」の変遷

　まず、日本の文脈で教育の内容と方法の歴史を理解する際によく使われてきた議論をここで参照しておこう。日本では2つの方向性をもった教育方針をめぐって行ったり来たりを繰り返してきたと、よく指摘されてきた（たとえば志水 2005）。2つの方向性とは**経験主義教育**と**系統学習**である。

　経験主義教育とは、書物から知識を順序だてて学ぶのではなく、児童・生徒の興味関心や経験を中心に置くことで主体的な学習を促し、それに関わる能力や態度を身につけるように構成された教育である。それに対して、系統学習とは、各教科の系統性を重視し、基礎から応用に段階的に進むなどの演繹的順序で展開していく学び方を指す。

　戦後すぐの時期にはアメリカ占領政策の影響から、アメリカの哲学者・教育学者である**デューイ**の影響を受けた経験主義教育が導入された。それにしたがって、子どもたちの生活を中心に学習内容を編成する**生活単元学習**や問題を解決する過程の中で生きた思考をし、生きた知識を習得させようとする**問題解決学習**がおおいにもてはやされたという。しかし、日本経済が復興しはじめ高度経済成長が始まる1950年代あたりから、経験主義教育は教科本来の客観的・体系的知識の習得を困難にしてしまうのではないかという疑念が出されるようになった。それはおそらく、経済成長に連動して知識・技術の高度化や人材需要への対応が教育にも求められる時代となったこととも関連があるだろう。

　1960年代後半に入ると高校進学率も上昇し、受験競争も激しくなってきた。そうした社会的背景の中で、教師の説明中心となりやすい系統学

習の問題点が逆に指摘されるようになる。そして、80年代には、学歴社会の是正や個性重視の原則など従来の教育を再考すべく、関心・意欲・態度を重視する評価の推進（新学力観）、小学校低学年への生活科の導入などさまざまな改革がなされた。その後の1998年の学習指導要領改訂で大きな注目を浴びた「学習内容の三割削減（**ゆとり教育**）」や「総合的な学習の時間」を含めて、こうした流れを経験主義教育のリバイバルとして理解することも多い。

　しかし2000年前後には、ゆとり教育の導入とほぼ同時に学力低下が社会問題化し、「確かな学力」を強調せざるを得ない状況が生じたこともあり、この振り子運動のような理解の仕方では近年の変化を十分に捉えきれないとの指摘もある（小原 2023）。

2.2　近年の教育改革の動向と教育内容・教育方法の議論

　なお、日本での新しい教育課程や教育指導法に再検討を促す研究群も教育社会学から生まれてきている。たとえば、2000年代に進められたゆとり教育や新学力観の推進に対しては、**社会階層論**の観点から格差拡大の可能性が教育社会学者によって指摘されてきた。たとえば、苅谷らは今日の「主体的・対話的で深い学び」にも連なる「調べ学習」や「発表・意見交換」のような実践が実は恵まれた社会階層出身の児童生徒に好まれていることをデータで示している（苅谷・志水編 2004）。小針（2018）は、これからの教育実践を支える考え方と見なされ、ますます広がっているように見える**アクティブ・ラーニング**について、このような形の学び方が社会学的観点から見ると理想からずれていってしまう様を、過去のアクティブ・ラーニング的教育実践を歴史的に検討することで示している。また、本田（2022）は、高校の**探究学習**のテーマ設定場面での大学院生ＴＡ（ティーチングアシスタント）と生徒の会話データの分析か

ら、学習指導要領に示された「高度化」や「自律性」という目標が、さまざまな教育現場の制約ともあいまって実現困難な形にならざるを得ないことを明らかにしている。このように新しい教育方法や教育課程に関する課題も、教育社会学の研究の中から提示されてきているのである。

2.3　教育の職業的レリバンス

　教育内容は他の社会システムや社会の構成員にとってどのような意義をもっているのか、ということも本来問われるべきテーマである。こうした問題は近年ではレリバンスとよばれ、とりわけ職業世界に対する意義を強調する**職業的レリバンス**の研究が教育社会学でも出てきている【☞第13章】。経済社会の技術的要請を受ける形で特定の教育内容が求められていくという見方は、教育社会学では**技術的機能主義**とよばれてきた【☞第1章、第13章】。日本でいえば、高度成長期における理工系の拡張や職業高校増設などがこのイメージで語られやすい。同様のロジックは現代においても世界的に見られるが、本田によれば近年のそれは汎用的・抽象的な能力（キー・コンピテンシー、ジェネリック・スキル、意欲…）の強調が目立つという（本田 2009）。それの対立項にあたるのは特定の職業のための職業教育であるが、それは狭い範囲に限定される点で柔軟性に欠ける。そこで、より膨らみをもった専門性として**柔軟な専門性**の必要性が提起されている。片山は「ものづくり」が中小企業と工業高校をつなぐレリバントな知識として機能していることを実証的に示したが、それは実体的な教育内容を越えた規範や価値を伴って作動していたと指摘している（片山 2016）。このように教育内容やそれに連動する教育方法が経済社会といかなる関係を取り結んでいるのかという課題も、重要な教育社会学的テーマとなってきた。

3. 世界の中の「教育の内容と方法」

3.1 グローバリゼーションと教育内容・教育方法

近年ではグローバルな教育環境の影響がかつてよりも一段と強くなっている【☞第14章】。アメリカの社会学者マイヤーはいち早くグローバリゼーションがカリキュラムに及ぼす影響を捉え、「大衆教育とエリート教育のどちらのレベルにおいても, 教育カリキュラムは著しい類似性と収斂化傾向を示している」と指摘している (Meyer 2000)。たしかに、OECDのPISA学力調査【☞第3章、第8章、第14章】の政策的波及効果は大きく、OECDのキー・コンピテンシーなどの教育路線が世界中で取り上げられ、組みこまれるようになっている【☞第5章、第14章】。グローバリゼーションによって、特定の国や社会、組織の教育モデルが伝播すると同時に、それら自体が伝播の過程で変容することもある。こうしたグローバルな教育論議に、今後は教育内容も教育方法も影響を受けていくことになるだろう。たとえば、近年において民主主義社会の一員としての市民性を育てるシティズンシップ教育が国際的にも話題となり導入されているが、これもグローバリゼーションの流れの中でグローバル・シティズンシップ教育という形で議論が展開されるなど、既存の国民国家を前提としたナショナリズムの影響下にある教育システムとどのように調整されうるのかは今後常に課題となりうるだろう。

3.2 知識経済下の教育課題

上述のシティズンシップ教育やナショナリズムの問題がグローバリゼーションの政治的側面と対応しているとすれば、経済的側面からグローバリゼーション下で求められる教育課題について焦点化した議論もある。前節で教育の職業的レリバンスへの注目が日本でなされているこ

とを紹介したが、グローバルな知識経済下での教育需要の高まりを基本とする現代版技術的機能主義のような議論は世界的にも広まっている。しかし、中国やインドにおける高等教育拡大→国際労働移動という流れを想定すれば、欧米の高学歴者といえども安泰ではなく、ハイスキルのエリート労働市場は**グローバル・オークション**の様相を呈する。そんな国際秩序を描いたブラウンらの議論は、欧米における高等教育拡大や単純な教育投資楽観論を戒めるものであった(Brown et al. 2011)。同様に、グラブとラザーソンは、グローバリゼーションのもとで教育内容や方法の改革を通じた社会改良という「**教育の福音**」論が台頭し、これは具体的には学校の諸目的が職業準備へと向かう**職業教育主義**として教育全体に広まるが、時に過度な職業教育主義を呼びこんでしまうリスクを論じている（Grubb and Lazerson 2006=2012)。日本の教育をふりかえってみれば、会話重視の英語教育やICT教育、統計学を重視した数学教育など、「教育の福音」論や過度な職業教育主義に見える現象を簡単に見つけることができる。こうした職業教育主義を相対化する社会学的議論も今後増えていく可能性がある。

3.3 国際比較から見る日本の教育内容・教育方法

　異なる社会での教育内容や方法を日本のそれと比較することは、普段は空気のようになってしまっていて気づかない日本の教育を国際的な文脈の中で理解することを可能にする。以下では、そのような研究例をいくつか紹介しよう。

●日本とアメリカの歴史教科書に見る国民史の変貌

　歴史教科書はその国の現在までにいたる経緯を定義づけるという意味で、国民国家にとって必要な再生産装置と見ることができる。そうした観点から、岡本は日本とアメリカを事例として取り上げた。アメリカは

国際関係の中で「中心」に位置する国民国家として、日本は「半周辺」といいうる国民国家として、それぞれの歴史教科書で語られる国民史の語りの変化を捉えることを試みたのである。その結果、双方に共通する傾向として、グローバルな環境変化に伴い歴史記述の意識に関する視線の複数化が生じ、ナショナルな枠組みは維持されながらも従来の国民史がもっていた価値や境界が維持できなくなってきたことが明らかにされた。先ほど述べたグローバリゼーションとナショナリズムの調整問題をまさに形として示した研究である（岡本 2000）。

●多文化教育の日米比較

　額賀は、**多文化教育**を実施するうえで求められる「公正な教育方法」の考え方に社会による違いがあるとの見立てから、多様な文化的背景の生徒が在籍する日米の小学校を選定し、そこで外国人生徒に対する教師の対応についてフィールド調査を行った（額賀 2003）。その結果、アメリカと日本では授業において配分される学習資源に違いがあり、アメリカのＡ小学校では「効率的な授業」、日本のＪ小学校では「関係をつくる授業」を基盤とした指導観が、教師の「公正な教育方法」の実践に影響を与えていたことを見出した。日本の「関係をつくる授業」という指導観は、ニューカマー生徒のニーズに対する教師の認識をにぶらせ、特に物理的資源の再分配の障害になっていたが、一方で「関係をつくる授業」という指導観は、アメリカの小学校では見られなかった関係的資源の再分配を可能にする長所ももっていることも見出されたのである。

●作文指導の国際比較

　「作文」は日本でもアメリカでも学校で教えられている。学習指導要領をはじめとして中央統制的な日本と、自由のイメージが強いアメリカという先入観で見ると、日本が書き方を教えこみ、アメリカは自由に書かせる…となっていそうな気がする。しかし、アメリカと日本の複数の

小学校を観察調査した渡邉（2004）の研究によれば、そうではない。むしろ逆に、日本では体験をベースに心の変化を比較的自由に書かせるのに対して、アメリカでは型と技術の指導に重点が置かれている。この発見を足がかりとして、作文教育の歴史、歴史教育、成績表など多角的な視点からそれぞれの社会にある「納得の構造」を描き出している。渡邉はさらに議論を拡張し、フランスおよびイランを加えた4か国比較を行っている。それぞれの社会の思考表現スタイルが作文指導における「論理的思考」の内実を異ならせていることを見出している（渡邉 2023）。

　これらの国際比較研究に示されるように、教育内容や教育方法の社会ごとの共通点や相違点を明らかにすることによって、日本の「教育の内容と方法」の特徴がいずれも明確化されていることがわかる。

4. 「教育の内容と方法」をめぐる課題

　教育内容・教育方法は教育の中心的テーマであり、またこの章で述べてきたように、「社会」との関わりも深いテーマである。しかしながら、その点に十分に社会学的な注目があったとはいえない。たとえば、カリキュラムの社会学的研究も、どちらかといえばフォーマルなカリキュラムよりも「隠れたカリキュラム」に関心が寄せられていたとの指摘もある。また、教育実践についても「サバイバル・ストラテジー」というどちらかというと教育実践の裏側の話が社会学的に注目されてきたが、そうではなく教育実践本来の目的に沿った教育上の方法的工夫の側面も議論するべきだとする研究もある（清水 1998）。いずれにしても、今後さらに研究の蓄積が求められるところである。

　また、本章でグローバリゼーションの影響を指摘したとおり、現代においてはフォーマルな教育課程はローカルとグローバルがせめぎあう領

域にもなっている。グローバルな趨勢の浸透・進展過程としての面だけでなく、ローカルの側からの反応も含んだ社会科学的研究も必要だが、必ずしも十分ではない。ここも研究の進展が必要な分野であり、より多くの教育社会学者の参入が期待される。

　加えて、日本ではおよそ10年に1度、学習指導要領の改訂がある。この変化を社会的にどのように評価していくのかということもまた、重要な課題となるだろう。それに伴う教育の内容論（社会に開かれた教育課程など）や教育の方法論（探究学習やアクティブ・ラーニングなど）が社会の中でどのように位置づけられるのかを考えることは、有効な実践や政策の土台となるはずである。

第5章　学校の社会学（1）教育の内容と方法　　**83**

学習課題

①あなた自身がこれまで受けてきた（あるいは家族が受けてきた）教育
　内容・教育方法のうち、特定の階層の人が不利になってしまうような
　ものがなかったか、議論してみよう。
②日本以外の外国を1つ取り上げ、インターネットや書籍で調べながら、
　教育内容を比較してみよう。また、その違いにはどのような社会的背
　景があると考えられるか、考察してみよう。

参考文献

バーンスティン，B. 著，久冨善之・長谷川裕・山崎鎮親・小玉重夫・小沢浩明訳，
　2000，『〈教育〉の社会学理論』法政大学出版局. (Bernstein, B., 1996, *Pedagogy,
　Symbolic Control and Identity : Theory, Research, Critique*, Taylor & Francis.)
小針誠，2018，『アクティブ・ラーニング──学校教育の理想と現実』講談社現代
　新書.
渡邉雅子，2023，『「論理的思考」の文化的基盤──4つの思考表現スタイル』岩波
　書店.

6 | 学校の社会学（2）教育と選抜

中村高康

《目標＆ポイント》　学校は教育機関である一方で、社会的視点から見れば選抜機関としての側面ももっている。入学試験のような具体的な選抜制度もあるが、いつのまにか選抜されてしまうようなメカニズムも学校の中にはある。教育におけるさまざまな選抜現象を多面的に考える。

《キーワード》　メリトクラシー、教育アスピレーションの加熱・冷却、トラッキング、教育格差、選抜構造

はじめに

　「選抜」という言葉から皆さんはどのようなことを連想するだろうか。野球好きの人であれば、「選抜」＝「春のセンバツ」、つまり春の選抜高校野球大会を思い浮かべる人が多いのではないだろうか。「春のセンバツ」は、夏の甲子園大会や他のスポーツのインターハイなどと違って、多くの候補チームの中から「地区ごとの大会の結果を参考に選考委員会が出場校を「選び抜く」ことになって」いる[1]。「春のセンバツ」に出場することは、甲子園を目指してきた野球部員の高校生にとっても、またそれを応援してきた学校関係者にとっても、一大事であるから、その選抜の結果への注目度は非常に高く、毎年全国ニュースで報道されているほどである。だからこそその選考過程についても「A高校が順当に選ばれたね」とか、「どうしてB高校ではなくてC高校なんだ」など、共感や異論もすぐに湧きあがってくる。

　この例に見られるように、私たちは、社会的に重要な機会をなんらか

---

[1] 『東京新聞』2023年1月26日オンライン記事（https://www.tokyo-np.co.jp/article/226210）より。

の基準で配分しなければならない時、そのプロセスや結果に注目し、時には賞賛し、時には批判的まなざしを向けてきた。選抜結果が大きな差を生む状況であればあるほど、それは社会現象としての重みも増していくのである。

ところで、選抜結果がその後の人生に大きな差異を生む現象の1つとして、「ある特定の教育を受ける機会」というものもある。どのような教育を受けたかによって、就職や昇進、得られる収入や結婚など、さまざまな社会的チャンスが変わってくることがある。だから、見方によっては、学校や教育システムは巨大な社会的選抜装置になっているといえなくもない。この章では、こうした「選抜」の観点から教育と社会の問題を考えてみよう。

1. 教育社会学は「選抜」をどのように議論してきたか

1.1 近代化とメリトクラシー

「はじめに」では社会的に重要な機会の配分の問題として選抜現象があると述べたが、実際問題として社会ではさまざまな機会が不均等に、偏在している。たとえば、大きな権力を伴う地位とそうではない地位、豊かな収入をもたらす地位と少ない収入しか得られない地位、人々から高い評価を得やすい地位と社会的評価があまり伴わない地位など、多様な地位から社会は構成されているからである。

前近代の社会であれば、そうした地位の格差があっても、恵まれたポジションに就ける人が誰なのかをあまり考える必要がなかった。なぜなら、それは血統や家柄を重視する、といった伝統的規範によってあらかじめ決められていたからである。図6-1の左側はその様子を示したものだが、ここにある左側の△は親世代の地位のピラミッド構造を、右側の△は子世代の地位のピラミッド構造を示している。前近代社会では、

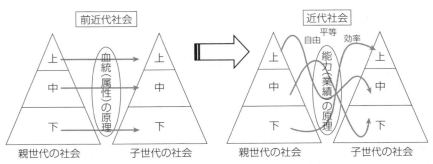

図6-1 近代化に伴う選抜原理の変化

恵まれた親のもとで生まれた子どもには、そのまま親と同じ地位が与えられることがしばしばであった。将軍の子は将軍に、旗本の子は旗本に、農民の子は農民に…という具合に、である。これは、古典的社会学者**マンハイム**の言葉を借りれば、**血統の原理**ということができるだろう（Mannheim 1940=1962）。あるいは、アメリカの社会学者パーソンズの**パターン変数**でいえば、**属性主義**とも言い換えられるだろう（Parsons and Shils eds. 1951=1960）。本人の力量に関わりなく生まれた時の家や地域、性別などの特性によって社会の中の位置が確定されていく傾向のことである。

　一方、自由・平等・効率を標榜する近代社会では、そうした前近代的な世襲的地位継承は、自由に動けないという点で不自由であり、チャンスが開かれていないという点で不平等であり、適材適所にはなりにくい点でひどく非効率だとみなされるようになった。そこで恵まれた地位を求める人々の中から適切な人をできるだけ合理的に選抜するということが社会的に求められることになったのである。図6-1の右側では、さまざまな社会階層出身の人々が自由に階層移動を行っている様子を示している。ここで問題なのは、その選抜の基準である。みんなが納得で

きる基準でなければ社会秩序が乱れてしまう。そこで近代化を経た多くの社会では、そうした事情から**能力（業績）の原理**（**能力主義、業績主義、メリトクラシー**）を採用してきた。能力のある人・成果をあげた人がしかるべき地位に就くことは、多くの人々が受け入れやすい基準だったからだ。

　ところが、能力を測るということは、実のところ容易ではない。そこで、多くの社会では、暫定的にその基準として学歴や学業成績を使ってきた。教育を受けた履歴が長いことや教育機関でのパフォーマンスが良いということが、さまざまな地位に就くのにふさわしい能力を示すと、暗黙に仮定してきたのである。だから、近代社会とは、能力主義を標榜する社会ではあるが、同時に現実には**業績主義社会**であり、具体的には**学歴社会**であり**資格社会**であり**学力社会**とならざるを得なかったのである。そして、教育は好むと好まざるとにかかわらず社会の選抜機能を担わされることになった。ここに至って、教育は社会にとって巨大な人材の選抜・配分装置のような様相を帯びることになったのである【☞第2章】。

　なお現代においては、こうしたメリトクラシー社会の変質や問題性も指摘されている。たとえば本田は、従来の成績主義のようなわかりやすい近代型能力とは異なる、個性や意欲や「生きる力」などといった人格・感情・身体などと一体化したポスト近代型能力が重視されつつあるとし、これを**ハイパー・メリトクラシー化**とよんでいる（本田 2005）。また中村は、さまざまな能力概念の台頭と乱立の状況を、メリトクラシーが本来もっている自らを問い直す性質によるものと捉え、これを**メリトクラシーの再帰性**の高まりと主張する（中村 2018）【☞第7章】。海外においても、こうした現代におけるメリトクラシーのあり方に対して批判的議論が展開されていることもあわせて指摘しておきたい（Sandel 2020＝2021）。

1.2 競争への参加と離脱のメカニズム

いずれにせよ、近代以降の社会においては、こうして「能力」「業績」「学歴」などをめぐる競争が生じることになるが、社会全体のシステムとしてメリトクラシーが作動するためには、多くの人に競争に参加してもらう必要がある。社会はある面で競争参加をあおるのである。たとえば、競争の条件を公平にしたり、教育を受けること自体の意義を唱えたり、高学歴者に特権を付与することで競争参加を促し、できるだけ高いレベルの教育を受けようという人々の意欲を高めている。このような「できるだけ高いレベルの教育を受けたい」という意識の高まりを、教育社会学では**教育アスピレーションの加熱**とよんできた。アスピレーションとは野心のことである。

その一方で、教育機会が無限に用意されるわけでもない以上、ある段階では人数を絞らなければならなくなる。そのため、希望する学校のレベルを下げたり、進学自体をあきらめたりする仕掛けも、社会は用意しているのが常である。先ほどの「加熱」とは逆であるので、こうしたあきらめるプロセスのことを**教育アスピレーションの冷却**という。たとえば、進路指導の過程で教師が生徒の希望進路に積極的な態度を示さないだけでも、生徒によっては「冷却」のきっかけになるかもしれないし、日本でいえば、模擬試験などで示される偏差値や合格可能性判定などは、やはり「冷却」を促進する面があるかもしれない。

こうした加熱・冷却には、学校教育制度のあり方も関わってくる。アメリカの高校で伝統的に行われてきた学校内での学習集団の分割は、学習内容や生徒の成績などさまざまな分け方があるが、いずれも生徒の進路を水路づけるような役割をもってきた。陸上競技のセパレート・コースのトラックのように、走るコースが一度決まってしまうとそこからはずれにくくなっているという意味で、こうした進路の水路づけは**トラッ**

キングとよばれてきた（Rosenbaum 1976）。日本で同様の制度が広く見られるわけではないが、そのかわりに日本は高校ごとに進路が大きく異なる制度的構造をもっている。高校が入学難易度によって序列づけられ、それが卒業後の進路に対応しているので、これも広い意味でのトラッキングとみなして、研究がなされている。こうしたトラッキングは、社会の選抜機能の一翼を教育制度が担っているという側面を見るうえで重要な視点といえよう。

1.3　選抜と社会階層・教育格差

　以上のような教育における選抜は、単に進路・進学の人数調整を行っているだけではない。なぜならば、選抜は形式上公平に実施されたように見えても、実は特定の集団にとって有利になることがむしろ多い現象だからである【☞第10章】。

　たとえば、社会が豊かになり進学する人が増えていくと、全体として選抜結果は平等に配分されるように思われる。産業化が進展すれば教育機会の平等化が進むと論じた**産業化命題**（Treiman 1970）はその典型である。しかし、実は従来その進学機会を独占していた恵まれた社会階層の人々が、さらに上の学歴を得ようとしたり、特定の学校の出身者を雇用機会で優遇したりといった形で、新規参入の社会階層の人たちを再び差別化するような動きを活発化させることがある。また、選抜の基準自体を自分たちの社会集団に有利な形で温存するということもある。このように、社会集団の間で選抜の結果や基準をめぐってあたかも争いが生じているように見えることも珍しくない。こうした視点から説明をする議論は**葛藤理論**とよばれている【☞第5章】。社会学の重要な分析視角の1つである。

2.「選抜」についてどのようなことが明らかにされてきたか

　ここでは、「選抜」に関する研究の中でも特に教育に関わる議論として、どのような知見が積み上げられてきたのかを、先ほどのアスピレーションの加熱・冷却とトラッキングの研究に絞って紹介してみよう。

　教育アスピレーションについては、それが高まることでより高い教育達成（学歴）が得られるとする研究が欧米でも展開されてきたが、具体的な学校教育の中でそれがどのように現れるのかを示すことで、よりリアルな選抜プロセスを捉えることができる。一例として、中村ほか（2002）の日韓比較研究を見てみよう（図6-2）。ここでは、「どの段階の教育まで受けたいと思っているのか」を、高校3年生に対して過去をふりかえりながら回答してもらった結果を集計している。タテ軸は希望する教育年数の平均値を示している。これを見ると、先ほど述べたような、あらかじめみんなが加熱されてそのあとに一部の者が徐々に冷却されていく理論整合的なパターンは、実は韓国のケースであったことがわかる。

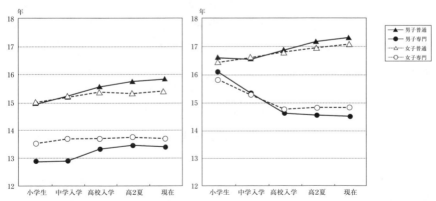

図6-2　学科別・性別・教育アスピレーションの変化（左：日本、右：韓国）
（中村ほか 2002：80-81より）

第6章　学校の社会学（2）教育と選抜　｜　**91**

日本は初めからアスピレーションの水準に学校差があり、それがそのまま平行移動していくような形となっている。同様のアスピレーションの変化の分析は、シンガポールを事例としてシム（2009）でも行われているが、シンガポールの場合は、日本以上に職業系の高校のアスピレーションが高まる傾向が見られる。このように、加熱・冷却のパターンには、それぞれの社会の特徴がよく現れると見てよいだろう。

　竹内（1995）は、1990年代までの日本において加熱が目立つ傾向を捉えるために、「**層別競争移動**」という概念を提案している。学校間できめ細かい階段状の階層構造をもつ日本の場合、いきなり最下位の成績から最上位の高校への進学は難しいとしても、少しだけ上のトラックには手が届く可能性がある。その結果、下位トラックの生徒でも競争にある程度参加しつづける動機が生まれることになる。これが幅広くアスピレーションが加熱されつづける「日本のメリトクラシー」の一つの原理だと考えた。

　もっとも、こうしたアスピレーションの変化のパターンは、しばしば高校トラックによって異なる面が強いことも見落としてはならない。つまり、これらの変化のパターンの違いはトラッキングの作用としても見ることができる。日本では、**高校間の格差構造**を一種のトラックとみなして議論してきた経緯から、その時代的変化を含めて実証研究が積み重ねられている。たとえば、樋田らの研究（2014）および尾嶋らの研究（2018）などはその代表的な成果だが、高校トラックによって将来の進路に違いが生じる傾向は、30年近くにわたって維持されていると指摘されている。一方で、高校トラックに対応して存在していた生徒文化のありようは変化をしてきていることなどが明らかにされている。

　こうした進路選択と学校トラックをめぐる関係は、日本社会における全体的な進学率上昇傾向と関連して理解できる部分も多い。たとえば、

近年では大学進学率が上昇し、かつては就職希望者が多かった高校から
も大学進学者が増える傾向もある。そのため、高校間格差自体は安定的
に存在していても、その様相もかつてとは異なりつつある。大学入学者
選抜制度も多様化し、学校推薦型選抜や総合型選抜を入学難易度の高く
ない大学で積極的に採用し、多くの進路多様校や専門高校の生徒たちに
活用されていることから、エリートの選抜とは異なる「**マス選抜**」が現
状ではかなり広がっているとする見方もある（中村 2011）。

3. 世界の中の「選抜」

　以上は主に日本の研究を中心に紹介してきたが、選抜現象は世界中で
普遍的に存在している。そこで、世界の選抜現象を捉える際の視点を紹
介しつつ、その実態の一部を紹介してみたい。

3.1　中等教育までの段階で選抜がどの程度あるか

　周知のように、日本では**高校入試**が大きな選抜の分岐点になっている。
しかし、そのような高校入試がどの社会でもあるわけではない。先ほど
例に出した韓国では、高校平準化政策が1970年代からとられており、都
市部では高校間の差異は日本に比べてかなり小さくなっている。一方で、
かつてイギリスでは11歳の時に受ける試験の結果により入学できる中等
教育機関が異なっていた。この**分岐型**（**複線型**）とよばれる進路分岐パ
ターンは、ドイツやオランダなど一部ヨーロッパ諸国で現在でも制度化
されている。これに対して、従来**総合制中等教育**が普及したアメリカや
近年のイギリスなどは大まかにいえば**単線型**に近く、選抜の大きなハー
ドルが中等教育段階であるわけではない。早期の選抜が行われるかどう
かは、教育システムのあり方を特徴づける大きな要素といえる。多喜
（2020）の研究でも、アメリカ・ドイツ・日本を比較してみると、こう

した教育システムの分岐の型やタイミングの違いが、それぞれの社会における社会階層と教育の関係を特徴づけていることが示されている【☞第10章】。

3.2　教育段階内部での選抜

　明確な入学試験制度などがなくても、学校の中で進路が分化していくアメリカのトラッキングのようなパターンもある。また、学校に来なくなってしまったり、成績不振で留年してしまったりというシステムを大々的にとることで選抜機能を果たしている社会もある。OECDのデータによれば、中等教育段階までで留年や退学が発生しやすい教育システムをもつ社会もあれば、いったん入学した学校では日本の「トコロテン方式」のようにほぼ卒業までたどりつける社会もあり多様だということがわかる。日本を含む東アジア諸国では留年や退学は少ないが、世界を見るとけっしてそれが普通というわけでもない。このあたりもその社会の選抜をめぐる規範を反映している面があり、注目すべきポイントである。

3.3　大学入学者選抜制度

　以上をふまえたうえでなお、各社会の教育システム上で最も大きな選抜の舞台となるのは、やはり大学入学段階である。大学入学者選抜制度を見る際に、まず注意しなければならないのは、その試験が**競争試験**であるのか、**資格試験**であるのかという違いである。東アジア諸国やアメリカは、試験のやり方は国によってかなり違うが、学生が個別の大学に応募して他の応募者と競争する試験になる。それに対して、ヨーロッパでは資格試験の形をとる国も多い。つまり、他の受験生と競争するのではなく、自分がある一定の基準に到達すれば希望する大学に基本的には

入学できるという仕組みである。ドイツの**アビトゥーア**やフランスの**バカロレア**が有名だが、やはりヨーロッパにはこれに準じた資格試験的な制度がまだ残っている。

　一方で、筆記試験を重視するのかそれとも多様な選抜資料を用いるのかという違いもある。かつての日本や韓国、あるいは現代の中国などでは筆記試験の比重が大きいが、アメリカでは多様な選抜資料（エッセイや統一テストの成績、高校での成績など）が用いられるとされる。近年では日本を含む多くの社会で多面的な評価を重視する傾向がある。ここにも選抜をめぐる各社会のまなざしが反映していると考えられる。OECDの**キー・コンピテンシー**【☞第5章、第14章】をはじめとして、旧来型の学力とは違うものを選抜基準に取りこもうとする流れは国際的にも見られる傾向である。

　ただし、こうしたさまざまな選抜形態（ここではこれらを総体的に**選抜構造**（中村 2023）とよんでおく）は必ずしも望ましい特性ばかりをもっているとは限らない。1節3項で述べたように、教育格差や不平等に結びついてしまう選抜形態がある可能性にはつねに注意しなければならない。

4. 「選抜」をめぐる課題

　これまで説明してきたように、選抜現象は教育を社会的観点から見るうえで非常に重要な対象である。しかしながら、前節でも説明したとおり、選抜制度は社会ごとにかなり多様であり、その多様性はその社会の歴史や文化、社会構造とも関連をもっているため、一般的な法則やパターンを見つけ出すことは簡単ではない。またそれぞれの社会にある選抜制度はしばしばよく変更される。それだけに、諸外国の選抜制度や選抜構造の歴史的過程や最新事情をキャッチアップする比較教育学的・比較社

会学的研究が重要となる。

　同時に、教育の領域もグローバリゼーションの影響は避けられず、OECDを中心とする国際的な教育世論の動向が各社会の選抜制度にさまざまな影響を及ぼしている状況が見られる【☞第５章、第14章】。こうした現状も研究される必要があるだろう。たとえば、日本においても多面的な評価が政策的に推奨されるようになってきているが、同様にフランスでもバカロレア資格の認定に学校の成績を大きく加えるような改革がなされている。オーストラリアでも校内評価が中等教育修了認定に組みこまれるようになっている。韓国ではかなり前から「学校生活記録簿」が選抜に加味されてきた。こうした動向をフォローし、その社会的背景を見定める研究も重要となろう。

　実践的な面でも教育と選抜の社会学的研究の意義はある。近年の日本における高大接続改革では、大学入試制度を変更する際に十分な実態把握がなされずに進められた面がある。社会調査を駆使した選抜制度研究が一定の成果をあげてきたことを想起するならば、ここに教育選抜の社会学的研究が役に立つ面があるだろう。また、改革論議の中でも話題になったことの１つに、**地域格差**や**障害者への配慮**の問題があった。また近年では女性の大学進学に関わる**ジェンダー**の問題【☞第12章】も社会的に注目されるようになっている。社会学の視点からそうした側面の理解を深め、不合理を避ける制度設計に寄与することも可能となるはずである。

　毎年１月になると、大学入学共通テストの実施日の朝は、ニュースで試験の様子が報道される。こうした現象は諸外国にも例があるが、それだけ選抜という現象は、一定の条件のもとでは非常に注目度の高い「社会現象」になる。しかし、その社会現象の背後には、それぞれの社会固有の歴史や文化、社会構造があり、不合理な面も含めて強固に成り立ってしまっている面がある。だから、こうした現象を肯定するにしても否

定するにしても、あるいは改革しようとするにしても、その選抜現象の社会的背景への理解は不可欠である。ところが、私たちはしばしば、自分たちが経験した受験や選抜体験をもとに現象を理解しようとしがちになる。そうした判断が危ういのだということを、教育と選抜の社会学は私たちに教えてくれるのではないだろうか。

学習課題

①あなた自身が経験してきた教育アスピレーションの加熱・冷却現象を考えて、他の人と情報交換してみよう。そのうえで、日本ではどのような加熱・冷却の社会的仕組みがあるのか整理してみよう。

②諸外国のうちから１つを取り上げ、具体的な大学入試制度をインターネットや文献を使って調べてみよう。同時に日本の大学入試制度も調べ、両者を比較してその違いと社会的背景を検討してみよう。

参考文献

本田由紀，2005，『多元化する「能力」と日本社会——ハイパー・メリトクラシー化のなかで』NTT出版.

中村高康，2018，『暴走する能力主義——教育と現代社会の病理』ちくま新書.

尾嶋史章・荒牧草平編，2018，『高校生たちのゆくえ——学校パネル調査からみた進路と生活の30年』世界思想社.

7 | 学校の社会学（3）多様化する高等教育

多喜弘文

《目標＆ポイント》　本章では、日本における高等教育の多様化について、大学、短大、高専、専門学校を視野にいれつつ、トロウ・モデルを手がかりに検討する。そのことを通じて、日本の高等教育が埋めこまれている文脈とその変容の理解をめざす。

《キーワード》　短期高等教育、トロウ・モデル、高等教育のユニバーサル化、性別専攻分離

はじめに

　教員が入学したばかりの大学生に、「日本の大学進学率は何％だと思いますか」と問いかける姿は、全国的によく見られる光景だろう。この問いかけの背後には、大学進学の「あたりまえでなさ」を考えてもらうことで、意欲をもって学んでほしいという教員側の期待がある。現在の日本では、同じ年に生まれた子どものうち2人に1人よりもう少し多くの人が大学に進学しているが（2023年度は57.7％）、これを逆から見ると、4割強の人は大学に進学していないということである。教育社会学の講義であれば、ここから社会経済的地位やジェンダー、あるいはエスニシティや地域による進学格差などへと話が展開するだろう【☞第10章、第11章、第12章、第14章】。

　ところで、この問いかけを「日本の高等教育進学率は何％だと思いますか」に変えてみるとどうだろうか。高等教育という言葉に馴染みのない人も多いだろう。大学のことだと考える人や、高等学校（高校）と取

り違える人もいるかもしれない。伝統的な高等教育進学率は、大学に短期大学（短大）3.4％と高等専門学校（高専）4年次在学者1.0％を合わせたものである。これを計算すると2023年度は6割強（62.1％）となる。

　しかしながら、新聞などで最新年度の速報値として公表された高等教育進学率を見ると、この6割強ではなく84.0％が採用されていることも多い。これは、上述の学校にさらに専門学校（専修学校専門課程）進学者が加えられていることによる。こうして8割台半ばまで積み上げられた数字を聞いたならば、高校卒業後に進学するかどうかだけではなく、進学する教育機関による違いも気になってはこないだろうか。

　実は、日本の高等教育機関を、専門学校も合わせて統一的に議論する研究は意外と少ない。だが、高校卒業後にさらに進学する人が大半となっている現在、中等教育後の教育機関を高等教育システムとして関連づけて捉えておくことは有益な視点を提供する。本章では、高等教育が多様化していくダイナミズムと社会への埋めこみに注目することで、そこから見える他社会との共通性と日本社会の特徴について考えていきたい。

1. 教育社会学は高等教育をどのように議論してきたか

1.1　高等教育とは何か

　はじめに高等教育を定義しておきたいところだが、これがなかなか難しい。高等教育で扱うべき教育内容が厳密に定義されているのであれば、その内容を紹介すれば事足りるだろう。だが、たとえ同じ大学という名前でよばれていたとしても、中世ヨーロッパと現代日本のそれでは、扱っている知識も違えば社会的に果たしている機能も大きく異なる。また、同じ日本でも戦前と戦後の大学では、そこに期待される社会的な役割も通う学生の層も大きく違うだろう。ある時代のある社会における高等教育は定義できるかもしれないが、それを越えて普遍的に定義することは

困難である。

　高等教育をこのように捉えること自体が、すでに教育社会学的なものの見方の入口に立っている。教育社会学は、教育が扱う知識や技能が、社会や時代によって変わり得ることに注目してきた【☞第５章】。こうした視点をもつことは、今私たちの目の前にある高等教育機関を、他でもあり得るものとして相対化することを可能にする。そうすることは、より良い高等教育を構想することにも、また、高等教育の理解を通じて日本社会の特徴を反省的に捉え直すことにもつなげられるだろう。

　少し回り道をしたが、あらためて高等教育とは何であるか、戦後日本社会を例に具体的に考えていこう。高等教育を内容から定義することが難しいとなると、教育システム内における初等教育および中等教育との関係で位置づけるしかない。戦後日本では、標準就学年限を冠した**６-３-３-４制**とよばれる単線の学校体系が採用されたが、教育段階はこの４つのステージと対応している。初等教育の小学校が６年、中等教育前期の中学校と後期の高等学校（高校）がそれぞれ３年、そして高等教育の大学が４年である。1947年の学制改革時点では、高等教育とは大学の教育を意味していた。

　問題となるのが、現在は短期高等教育機関とよばれる短大、高専と専門学校である。まず短大は、新制大学としての基準を満たさなかった戦前の一部の教育機関が、大学より短い年限での存在を暫定的に認められたものであり、1964年に恒久化されるまで明確な位置づけを与えられていなかった。次に高専は、短大とほとんど同じ時期の1962年に制度化されている。以上の短大と高専は、現在は学校教育法第１条に規定される、いわゆる**１条校**とよばれる教育機関である[1]。

　これに対して専門学校は、自動車教習所や予備校なども含む雑多なカテゴリとしての**各種学校**のうち、一定の条件を満たしたものを対象とし

---

[1]　正確には、短期大学という名称は学校教育法の１条に明記されておらず、短大は大学の一種として位置づけられている。

て1976年に制度化されている（植上 2011）[2]。専門学校は、いわゆる1条校ではないこともあり、以前は高等教育機関としての位置づけが確固たるものではなかったが、社会的評価の向上や大学への編入の制度化なども相まって、近年は高等教育とみなされることが増えている。

ここまで見てきたとおり、戦後直後から現在にいたるまで、日本の高等教育システムはその境界を変えながら拡大してきた。その変容の過程に注目することは、教育システムと結びつきをもつ日本社会のさまざまな領域とその変化を見ていくことでもある。本章では2節以降、このうち特に短期高等教育に着目しながら高等教育システムの多様化を見ていくことで、その日本的特徴について考えていきたい。

1.2　高等教育研究と教育社会学

次に、高等教育を研究する諸学問における教育社会学の位置づけを整理しておこう。高等教育を専門的に研究する領域は、広く**高等教育研究**と総称される。この領域の第一人者たちは、高等教育研究を以下のように説明している。

> 高等教育研究は、…（中略）…一定の理論と体系的な知識や方法論を特徴とするdiscipline（学問体系）というよりは、社会科学を中心としたさまざまな分野の学際的な方法論や洞察を、高等教育という特定の対象や問題に活用する応用的な領域である（橋本・阿曽沼編 2021：6）

> 高等教育研究は、それ自体が整然とした論理的体系をもっているわけではない。むしろ一方で既存の諸科学の方法、そして他方において現実の高等教育の多様な側面、それを結ぶ一群の知的活動の総体を

---

[2]　専修学校のうち、高校卒業（程度）を入学要件とする専修学校専門課程を設置している学校が、専門学校を名乗ることができる。

言っているにすぎない。しかしそれは個々の研究領域やトピックが全く独立に議論されていることを意味するのではない（金子 2012：58）

　以上の引用箇所からも読み取れるように、高等教育研究とは、さまざまな学問の知識や方法を総動員してアプローチする学際的な研究領域である。その中で、教育社会学は教育学、教育経済学、教育行政学、大学経営論などとともに高等教育研究に貢献してきた。

　この高等教育研究は、1960年代〜1970年代に先進産業諸国で共通して花開いている。高等教育研究がこの時期に盛んになった背景には、2つの事情が関わっている。1つは進学者の増加である。第二次世界大戦後、社会の産業化に伴って、教育を受けた人材への需要が高まるとともに、人々の進学熱も加熱していった。もう1つは、日本を含む複数の国で**大学紛争**が起こったことである。戦後生まれの学生の「反乱」は、大学への反発を通じて既存社会の矛盾を問おうとするものであった。こうした事情は、高等教育を取り巻く条件が大きく変化する中で、高等教育を教育内在的に捉えるだけではなく、教育外との関わりでその構造と機能を明らかにする役割を教育社会学に与えた。

　高等教育を対象とする教育社会学の研究は、歴史社会学的なアプローチ、高等教育システムと産業社会や家族、福祉といった他の社会システムとの関係性の分析、他社会との比較など、時代や社会と高等教育との関係をさまざまな形で問うてきた。ここからは、その中でも高等教育の多様化に注目して、いくつかの議論を紹介していきたい。

2. 高等教育の発展段階と多様化

2.1 高等教育の発展段階説
　第二次世界大戦後、先進産業国において高等教育は共通に拡大してき

た。その中で生じた時代や社会ごとの問題や、それらへの対処方法はさまざまである。だが、そうした多様な実態を多様なままで描くだけでは、大局的な視点を欠く。社会学の立場からは、高等教育システムの多様化が社会にとってもつ意味を考えるための分析枠組みが求められる。

　この点で、アメリカの教育社会学者マーチン・トロウが教育拡大と高等教育の構造や機能の変化について提示した**トロウ・モデル**とよばれる説明枠組みは、有益な視点を提供してくれる（トロウ 1976、2000）。この説明は、高等教育の発展段階を考えるうえでの準拠枠として、今日でも高等教育システムの時代変動とそれを取り巻く課題を整理するために用いられることが多い。まずは、このトロウ・モデルの概要を紹介する。

　トロウによると、高等教育には社会の産業化の度合いなどに応じた発展段階と、それに伴う社会的な位置づけの変化があり、そこには個別の社会を越えた一定の共通した特徴が見られる。このモデルは理論的な枠組みというより経験則に近く、発展段階の目安として提示されている数字にも具体的な根拠があるわけではない。そうした意味では、この仮説は高等教育の発展段階と移行の過程を通じた質的な変容をモデル化したものであり、マックス・ウェーバーのいうところの**理念型**のようなものと考えたほうがよいだろう。

　トロウ・モデルにおける高等教育の発展段階は、大学在籍率を目安として3段階に整理される。まず、大学在籍率が15％に達するまでの段階は、**エリート段階**とよばれる。エリート段階では、高等教育はその社会を生きる多くの人にとって縁のないものである。この段階において、高等教育は一部の特殊な職業をめざす人や、新しい世代に文化や生活のスタイルを伝達するエリートのためのものにすぎず、特別に恵まれた層にとってのいわば「特権」とみなされている。

　次の段階は、大学在籍率が15％から50％までの**マス段階**である。この

段階では、産業社会の高度化によって、中堅技術者や行政サービスの拡大に関連した準専門的な職業の増加が生じ、そうした知識に対応した従来とは異なったタイプの高等教育機関が増加する。進学への社会的なインセンティブが高まると、高等教育は以前より多くの人々の関心を集め、進学を求める人にとって保証されるべき「権利」とみなされるようになる。これに伴い、入学のための選抜原理についても生得的な地位にもとづくもの（属性主義）から能力主義（業績主義）的なものへと変化し、機会の不平等が問題化されるようになる【☞第6章、第10章】。

　最後に、高等教育在籍率が50％を超えると**ユニバーサル段階**といわれる新たな状況へと突入する。そこでは、高等教育は望ましいとされる職業に入職するための資格証明書の役割を果たすようになり、進学することが「義務」のような状態になる。これに伴って、高等教育進学をめぐる機会の不平等は積極的に是正すべきものと認識され、アクセスのみならず実際の進学者の社会的属性を生涯のいずれかの時点で社会全体のそれと近づけることが規範的に要求されるようになっていく。

　さて、本章のテーマである高等教育の多様化に焦点を当てると、トロウ・モデルが述べている内容は以下にまとめられる。エリート段階では、高等教育はきわめて同質的なよく似た機関から構成されている。これがマス段階になると、高等教育は多様な水準の機関から構成されるようになり、相互に結びつきをもちながら制度化の度合いを強める。最後にユニバーサル段階に達すると、制度を構成する機関の性格は著しく多様化し、高等教育としての共通の水準は失われる。あるいは水準という考え方自体が問われ、疑問視されるようになる。

　以上の発展段階説は、高等教育と教育外の社会システムとの結びつきに目を向けるうえで役立つ。労働市場との対応関係に注目するならば、高等教育の拡大は、産業社会の要求する知識やスキルの変容や高度化に

よるものとして説明することもできる【☞第13章】。しかし、トロウ・モデルは高等教育が労働市場に一方的に従属するという見方を必ずしもとるわけではない。同様のことは、労働だけでなく家族や社会保障の領域との関係についてもいえる【☞第11章、第15章】。教育システムの自律性や、内部でのダイナミズムを認めつつ、他の領域とのシステム間関係を分析できることが、教育社会学の立場からは重要であろう。

2.2　高等教育の日本的多様化の構造

　前項で紹介した内容を前提に、高等教育の多様化における日本的特徴をトロウ・モデルとの対応およびそこからの偏差として確認していこう。

　戦後日本においても、大枠としてトロウ・モデルと整合する形で高等教育の多様化が生じてきたことは間違いない。各国が**マンパワー政策**とよばれる技術教育の政策的推進を行う中、日本でも従来のエリート型高等教育としての大学とは異なる機関の必要性が提唱された。高専の創設（1962年）と短大の恒久化（1964年）は、戦後復興から高度経済成長に向かう時期に行われている。日本では四年制大学が戦前の前身校の資源や威信を一部継承しながら序列化していったことが知られているが、高等教育システム内の多様化は大学と短期高等教育の間にも生じている。高等教育抑制政策と並行して専門学校が1970年代半ばに学校種として「昇格」を果たしたことで、産業社会との対応におけるマス段階の高等教育の多様化はひとまず完成したと見ることができる。

　その後のさらなる高等教育多様化の内実を見るうえでは、中村高康によるエリート選抜とマス選抜の区分に注目することが有益である（中村2011）【☞第6章】。マス選抜としての推薦入学制度の公認は、エリート選抜としての競争的筆記試験の論理が、大衆を受け入れなければならないマス選抜の論理に妥協したことに始まる。同じ視点から短期高等教育

に注目するならば、1960年代に成立した短大と高専については、入学時に競争的筆記試験が課されていたが、あとから制度化された専門学校については多くの場合に実質的に無選抜での入学が可能であった。その後、1990年代に入って女性の短大から四年制大学進学へのシフトが生じ、短大についてもマス選抜としての推薦入試が増加するとともに、職業教育との重なりを大きくしていった。大学だけでなく、こうした短期高等教育内での変化も、万人のための教育保障を理念とするユニバーサル段階への移行と整合的に捉えられる。

　以上のように、トロウ・モデルは日本の高等教育拡大を説明するうえでも一定の説得力をもつ。だが、そのモデルとの偏差に注目するならば、日本社会に特有の特徴を見ることもできる（喜多村 1999、天野 2009）。アメリカの場合、高等教育拡大を担ったのは主に**公的セクター**であったのに対し、日本の場合は**私的セクター**が大きな役割を果たした。この違いは、教育費に占める私的負担比率の高さにつながっている【☞第8章】。日本において高等教育のマス化を担ったのは、ボリュームが小さく国立が中心で男性が大半を占める高専を除き、大学、短大、専門学校といずれも私的セクターの機関が中心だったのである。

　以上の事実は、出身階層にもとづく教育機会の不平等にとって重要な意味をもつ【☞第10章】。アメリカにおいて高等教育の拡大を担ったのは、州立大学や州立の**コミュニティ・カレッジ**である。マス高等教育としてのコミュニティ・カレッジでは、希望する者が誰でも進学できる開放型の入学制度が多く採用されている（Geiger 2014=2023）。これに対し、日本の場合、選抜度の高くない大学や短大および専門学校が、授業料の高い私的セクターに集中している。このことは、不利な背景をもつ進学者ほど進学にあたっての経済的負担が大きくなりやすいという点で、アメリカとは逆の状況を生んでいる。

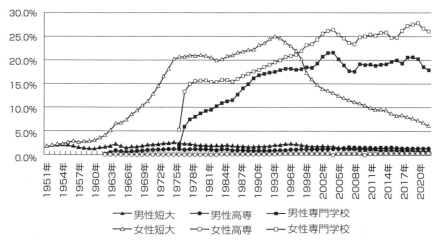

図7−1　日本における短期高等教育進学率の推移
（文部科学省「学校基本調査」各年度版より作成）

　さらに、進学する高等教育機関とジェンダーの強い結びつきが、日本の高等教育における多様化のあり方を強く特徴づけていることを指摘しておかなければならない（図7−1）【☞第12章】。戦後すぐの段階では、短大進学率の男女差は小さかったが、**日本型雇用慣行**における**生活給**の重視などと結びついた**男性稼ぎ手モデル**のもとで、短大は主に女性が進学する教育機関となっていった（小山 2009）。高専についてはボリュームが小さいものの、在学者の約8割を男性が占めており、やはりジェンダー差が大きい（矢野ほか編 2018）。

　短期高等教育が**リカレント教育**の役割をほとんど担えていないことも重要な違いである。トロウはユニバーサル段階において、大衆的な高等教育機関が従来の進学者とは異なる非伝統的な学生の受け皿となると述べた。しかし、日本では専門学校も含め、短期高等教育が働きながら就学する**パートタイム学生**や、一度働いてから再度教育・職業訓練を希望

する人の受け皿を担えていない。これも、新卒一括採用やOJTを中心とする企業特殊的スキルの重視される労働市場や日本型生活保障システムのあり方と関係している【☞第13章、第15章】。内部労働市場の優勢な日本的文脈のもとで、女性は出産に伴う雇用の中断によって不利を被りやすい。このことが、短大や専門学校への進学を通じ、企業横断的に通用する職業資格の取得を重視する女性が多いことと関連している（多喜 2023）。

　トロウ・モデルからの偏差として紹介した以上の点は、いずれも日本の高等教育システムの特徴であるだけでなく、日本的とされる労働市場や家族および生活保障といった他の領域と相互に支えあいながら存立している。こうした点に注目しながら高等教育の多様化を論じていくことは、高等教育をそれ自体として内部から議論するのみならず、システム間の関係性から問い直すことを可能とする点で、教育社会学に独自の貢献を行う余地を生むといえるだろう。

3. 世界の中の高等教育の多様化

　前節で紹介したトロウ・モデルは、高等教育進学率においてヨーロッパよりはるかに先をいっていたアメリカを事例に、高等教育の発展段階説を展開した。長らくエリート段階にとどまっていたヨーロッパについても、やがてはアメリカと同じ道をたどると考えられていたといってよいだろう。その意味では、トロウ本人は慎重な表現を用いているものの、モデルとしては単線的な変化を想定していた。

　新制度学派の論者も、こうした収斂的な方向での変化を想定する。たとえば、グローバル化の圧力を受けやすい領域ほど、高等教育拡大が顕著に生じていることを統計分析で明らかにした研究をそうした例としてあげることができる（Schofer and Meyer 2005）。タイムズ・ハイヤー・

エデュケーション（THE）誌などが展開する**世界大学ランキング**や、ヨーロッパにおいて国を越えて学位認定の水準や質を揃えようとする**ボローニャ・プロセス**、国を越えた留学生の移動や移民の定着なども、グローバル化に伴う高等教育の同質化圧力を強める方向に機能するだろう【☞第14章】。高等教育を研究する教育社会学において、グローバル化や市場化が制度的収斂を加速化するのかどうかは重要な検討課題として広く認識されている（Gumport ed. 2007、Côté and Pickard eds. 2022）。

　高等教育進学のジェンダー差については、欧米社会では大学進学率の格差が解消される中で、**性別専攻分離**に注目が集まっている【☞第12章】。これは、進学率の格差が解消されたにもかかわらず、男女の賃金差が縮小しないことを問題とする研究群において盛んに議論されている。そこでは、特に高等教育において高い賃金と結びつきやすい科学、技術、工学、数学の頭文字をとった**STEM**とよばれる領域を専攻する学生におけるジェンダー割合の差に注目が集まっており（Xie et al. 2015）、このSTEMに注目した研究は日本でも増えている（田邉 2022など）。

　大規模な国際比較からは、産業化に伴って高等教育進学の割合の男女差（垂直的な格差）は解消するが、本人による自由な選択を媒介として専攻分野の男女差（水平的な格差）へと姿を変えて持続していることが明らかにされている（Charles and Bradley 2009）。

　OECDのほとんどの国で女性の高等教育進学率が男性のそれを上回っており（DiPrete and Buchmann 2013）、ここで紹介してきたように高等教育進学の男女差についての研究は次のフェーズに移行しつつある。しかし、前節で紹介したとおり、日本では女性の高等教育進学が短大に集中してきた経緯があることから、四年制大学へのシフトが進んだ現在でも、男性のほうが大学への進学率が高い例外的な国であることを忘れてはならないだろう。短期高等教育への進学率にこれほどまでに

ジェンダー差が大きい社会はあまり見当たらないし、その解消が緩慢としている点は注目されてよい（Shavit et al. eds. 2007）。

　また、高等教育進学者の出身階層は高いことが繰り返し明らかにされてきたが【☞第10章】、大学進学が出身階層による不平等を縮小する効果をもっているかどうかも近年社会階層論における論点となっている。これについては、アウトカムをさまざまなものにしても、不利な階層出身者のほうが大学進学によるポジティブな効果を享受しやすいことが明らかにされている（Brand 2023）。これに対し、日本を対象にした研究では、そのような効果が認められないという結果も得られている（Fujihara and Ishida 2024）。その解釈について、藤原らは日本的な雇用慣行への埋めこみによる影響を可能性としてあげている。

　このほか、AIなどのテクノロジーの進化に伴って、仕事に必要な技能や知識をもつ者ともたない者に二極化していくとして、大学に進学するかどうかによる賃金格差の拡大を検討する仮説に**スキル偏向的技術進歩**（SBTC）仮説も広く注目されている（Acemoglu and Autor 2011）【☞第13章】が、日本では否定的な結果が報告されている（Kawaguchi and Mori 2016）。

　ここまで見てきたように、欧米の経験からの一般化や収斂を想定する議論はさまざまに存在するものの、高等教育の多様化については、社会間の共通性だけでなく異質性も目立つ。そのため、たとえば日本を含む東アジアの文脈を積極的に議論しようとする比較研究も出てきている（Marginson and Xu eds. 2022）。そこでは、儒教をバックグラウンドとする社会に共通する競争的筆記試験の重視などの特徴が議論されており、欧米社会の経験を相対化するような研究の進展も期待されている（Marginson 2010）。

4. 多様化する高等教育をめぐる課題

　本章では、大学に加えて短大、高専、専門学校を高等教育という統一的な傘のもとに扱ってきた。日本の高等教育の特徴をアメリカとの比較で議論する際には、私立大学が教育拡大を担ってきたことや、大学が入学難易度によって序列づけられていることがよく言及される。あるいは、日本ではアメリカのように大学間の相互評価にもとづく基準認定（**アクレディテーション**）が機能せず、国家による設置認可（**チャータリング**）方式ではないにもかかわらず、政府による規制と指導の影響が強いことなどが指摘される。

　大学に通う（通った）私たちは、四年制大学だけに注目しがちであるが、ユニバーサル段階の高等教育は境界を曖昧化させながら大学外へと広がっている。そして、本章でも取り上げたように、たとえば短期高等教育段階が強くジェンダー化されている状況は、他国と比べた時の日本の特徴であるとともに、労働市場や家族、生活保障のありようと支えあって存立している。こうしたシステム間関係のありようを批判的に問い直していくためには、短期高等教育を含めた高等教育の多様化に注目することも有効だと考えられる。

　教育社会学は、高等教育を教育外の領域と有意味な結びつきをもったシステムとして想像させてくれる。そうした想像力の喚起は、外国の大学の特徴をつまみ食い的に実装していけばよいという安易で嗜癖的な教育改革を戒め、有意味なオプションの提示を手助けするのに役立ちうる。それぞれの社会に存在する多様な高等教育について、時代や社会による共通性と異質性をふまえつつ論じていくことは、困難ではあるが魅力的な課題である。個別性に固執するのでも普遍性を無前提に受け入れるのでもなく、エセ演繹的でない形で他国や歴史から学び、政策へと結びつ

けていくことが期待される。

学習課題

①日本の大学進学率はどのくらいであるのがよいか。また、それはなぜ
　か。必要に応じて短大、高専、専門学校にも言及しながら答えてみよ
　う。
②短大、高専、専門学校について、これまでに知っていることを書き出
　してみよう。また、仕事との関わりでそれぞれどのような特徴がある
　か調べてみよう。

参考文献

橋本鉱市・阿曽沼明裕編，2021，『よくわかる高等教育論』ミネルヴァ書房.
ガンポート，P. J. 編著，伊藤彰浩・橋本鉱市・阿曽沼明裕監訳，2015，『高等教育
　の社会学』玉川大学出版部.（Gumport, P. J. ed., 2007, *Sociology of Higher
　Education: Contributions and Their Contexts*, Johns Hopkins University Press.）

8 | 教育政策の社会学

本田由紀

《目標＆ポイント》　国や自治体の教育政策は、特に学校教育制度のあり方に
対して、強い影響を及ぼしている。そうした教育政策の決定過程、実施過程
および効果・影響についての社会学的研究の成果と課題を考える。
《キーワード》　政策方針、規制、公財政支出、アクター、世論、政策効果

はじめに

　図8－1は、初等教育から高等教育までの学校教育にかかるすべての
費用のうち、私費（個人もしくは家族が払っている費用）が占める割合
を国別に示している。国によって私費が占める割合にはかなりの相違が
あり、日本はその割合が相対的に高いことがわかる。図の下の方にゆけ
ばゆくほど私費負担の割合は少なくなり、こうした国では公的な費用負
担によって教育が営まれている度合いが高い。すなわち、個人や家族が
費用を払わなくても教育を受けることができる、いわゆる「教育無償化」
が政策的にほぼ実現されているといえる。

　どこの国でも、「学校」には教師がおり、生徒がおり、教室があり、
教科書があり、似たように見えるかもしれない。しかし実際には、学校
教育のほぼすべての側面は、それぞれの国の政府が定める教育政策に
よって規定されており、図8－1で示したように、各国の間で教育政策
や学校教育の内実には相当の違いがある。また、一国内の自治体によっ
て教育政策が異なる場合もあれば、時間の流れの中で政策が変化する場
合もある。では、さまざまな国や自治体の教育政策にはなぜそのような

違いや変化が生まれているのか？教育政策を社会学的に検討するには、どのような方法がありうるだろうか？

1. 教育社会学は教育政策をどのように議論してきたか

学校教育制度は社会の近代化とともに各国において成立し【☞第2章】、それは近代国民国家において政府が定める教育政策によって主に形作られてきた。それゆえ近代社会の性質を論じることを使命としてきた社会学にとって、教育政策と学校教育のあり方は重要なテーマの1つでありつづけてきた。

たとえば社会学の創始者の1人として位置づけられる**エミール・デュルケム**は、『教育と社会学』、『フランス教育思想史』などの著作で、宗教的性質が強かったフランスの教育が**世俗化**（**脱宗教化**）され、科学が教育課程に導入されてゆく過程を描

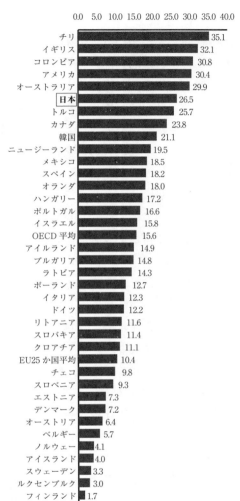

図8−1 初等教育から高等教育までの教育費に占める私費負担の割合（2020年）
（OECD（2023）、Figure C 3.5より作成）

いた。同じく社会学の初期の巨人である**マックス・ウェーバー**は、『支配の社会学』において、従来は伝統やカリスマ性にもとづいていた支配のあり方が**合法的支配**に移行し**官僚制**が国家機構に導入されてゆくに伴い、個人が規則や文書にもとづいて業務を遂行できるスキルをもつことを示す教育歴が、官僚の採用基準として重要化してゆくと論じた。

それ以後に社会学および教育社会学が発展を遂げてからも、（広義の）教育政策と、学校教育の社会的特性は広範に論じられてきた。よく知られた議論として、『監獄の誕生』において学校における**規律訓練権力**の作動を指摘した**ミシェル・フーコー**、学校教育で教えられる知識の構造や編成について議論した**バジル・バーンスティン**や**マイケル・アップル**、あるいは「**教育という神話**」の世界的伝播を論じた**ジョン・W・マイヤー**などがある。**ニクラス・ルーマン**の『**社会の教育システム**』（2002＝2004）も、社会システム論の観点から教育政策や教育制度の作動を包括的に論じている【☞第5章】。

特に20世紀後半以降、**グローバル化**の動向が顕在化してからは【☞第14章】、経済協力開発機構（Organization for Economic Co-operation and Development: **OECD**）や世界銀行などの国際機関が各国の教育政策に対して及ぼす影響力に関する議論が活発化している。特にOECDは教育に関する国際比較報告書の刊行やデータベースの提供、さらには2000年から3年ごとに国際的な学習到達度調査（Programme for International Student Assessment: **PISA**）を実施することにより、各国の教育政策にさまざまな提言や介入を行い、また各国政府も国際的なランキングを意識して教育政策を変更するなどの対応を行ってきた。

総じて教育社会学は、教育に関する実証研究を蓄積することにより、既存政策の是非、その効果、必要な政策などについて、データにもとづく検証を行う役割を果たしてきたといえる。日本においても、第二次世

界大戦の敗戦後に教育社会学が学問分野として国内で確立されて以降、教育社会学は自らの学問的アイデンティティとして「**政策科学**」を掲げ、政治的イデオロギーとは一定の距離をとりつつ、進学需要の推計など戦後の激変する学校教育をめぐる政策的な計画立案に関与してきた。

　近年においては、政策効果の因果推論に関する教育行政学や教育経済学の計量分析の発展が顕著であり、教育政策に関する実証分析は教育社会学の独自性とは言いがたくなっているが、以下で述べるように教育社会学が教育政策を検討するアプローチは幅広い。

　教育政策に限らず、およそ政策の内容は大きく３つに分類できる。第１に、**目標や方針**を示すこと、第２に、ルールを示すことで一定の行為を**規制・制限**すること、第３に、公財政からの支出によって政策を実現するための**資源を配分**することである（本田 2011）。

　これら３種類の政策内容のそれぞれに対して、研究するアプローチのあり方も３つに大別することができる。第１に、政策がいかにして決まるかに関する**政策決定過程**の分析、第２に、政策が実際にどのように実施されているかに関する**政策実施過程**の分析、第３に、特定の政策がもたらす**効果や影響**の分析である。

　第１の政策決定過程の分析においては、誰が、すなわちいかなる**アクター**がいつ何を主張し、議会などでどのように決定がなされているかに注目することになる。重要なアクターは対象となる国や自治体の文脈によっても異なるが、多くの場合、政党、職業団体・労働組合、経営者団体、宗教団体、あるいは特定の個人などが、教育に関してそれぞれの理念や利害をもち、発言や交渉によって教育政策に影響を及ぼしている。政策過程に関して、**ジョン・キングダン**は問題状況の定義（**アジェンダ**）や従来の政策などの諸条件が**政策起業家**によって合流させられ、「**政策の窓**」が開いた場合に政策が実現するとした（Kingdon 2011 = 2017）。

国や自治体の間での政策の伝播や借用についての分析も、政策決定過程の研究に含まれる。

第2の政策実施過程の分析においては、政策が現場（教育であれば学校など）において当初の意図どおりに実施されているか、実施されていない場合にいかなる障壁が存在するかが焦点となる。どのような政策であっても、その実施は個々の現場における担当者（教育の場合は主に教師）によって担われており、その担当者が政策の意図とは異なる行為をする場合もある。**マイケル・リプスキー**はこれを「**ストリートレベルの官僚制**」（Lipsky 1980＝1986）と定式化した。

第3の政策効果の分析においては、そもそも何を効果と捉えるかに関して、特に教育の場合は容易さと難しさが共存することが指摘されている（塚原 2003）。容易さというのは、学校教育においては学習者の状態についてさまざまな形態での評価が行われており、公的統計も多数存在するため、それらを指標とした分析が可能であるということを意味している。他方で難しさというのは、教育の成果や影響はそうした手に入れやすい指標以外にも多岐にわたり、また学習者の人生において数十年を経たのちに現れる場合もあることによる。

さらに、研究対象についても、**国レベル、自治体レベル、学校・学級・個人レベル**に大きく分けられる。このように、政策内容、研究アプローチ、研究対象のそれぞれが少なくとも3つの類型に分けられるうえに、特定の政策課題（イシュー）はさらに多岐にわたるため、教育政策の社会学はきわめて大きな広がりをもつ。

2. 教育政策についてどのようなことが明らかにされてきたか

では、そうした教育政策の社会学は、これまでの研究によっていかなることを見出してきたのか。以下では、国内における近年の主な研究の

第8章　教育政策の社会学　｜　**117**

一部を紹介しよう。

　まず、さまざまな政策の決定過程における重要なアクターや、その変化に関する研究群がある。この種の研究では、国会や政策会議の議事録などの文書資料をデータとして、質的な内容分析や計量テキスト分析の手法が用いられることが多い【☞第4章】。

　アクターに関する具体的な指摘として、戦後日本の教育政策に関しては、「保守」（自民党、文部省）対「革新」（革新政党、教職員団体、労働組合、市民運動など）という二極対立の中で、学習指導要領【☞第5章】の法的位置づけや教科書検定などのイシューをめぐって綱引きが行われる状態が1950年代から70年代にかけて顕著であった。その後、80年代後半から今世紀初めにかけて、教育制度に市場原理と競争を導入しようとする財界や経済産業省などの第三極が現れるという変化が生じた（広田 2009）。そうした三極構造に対して、特に2012年に発足した第二次安倍政権以後、首相直属会議や内閣府などが優勢化した「**官邸主導**」「**政治主導**」の政策決定過程へとさらに変容したとされる（勝田 2023）。政権党である自民党内の会議で決まった方向性が、首相直属の会議で承認され、さらに中央教育審議会などでの承認を経て実施されるという仕組みであり、自民党という政党やその支持母体である宗教団体などの保守層のイデオロギー——具体的には経済成長と「自助」の重視、財政支出の抑制、家父長制的な家族観やジェンダー観など——が直接的に反映される傾向が強くなっている。

　地方自治体レベルでも、2014年の「地方教育行政の組織及び運営に関する法律」（地教行法）により、自治体の教育政策における首長の権限が増大した。計量分析によれば、まだその影響は総じて明確化していないが（橋野 2020）、個別の自治体や事案（たとえば給食費の無償化など）については首長の方針が強く反映されている場合も見られる。

こうした「官邸主導」「政治主導」が進行する状況下では、国や自治体の教育政策の実施に関して、教育産業などの特定の企業に受託される例（たとえば、東京都で英語スピーキングテストが高校入試に組みこまれ、その実施を企業が担っているような事例）が増加しており、政治家と企業との癒着が発生しやすくなっている。

このような政府・行政内部の力関係や政策内容に影響する重要な影のアクター・要因として指摘すべきは、有権者であり市民である人々が政治や教育に対して抱いている意識、すなわち「世論」である。本章冒頭の図8−1で示したように、日本では教育に関する費用の中で私費の割合が大きく、逆にいえば公財政からの教育支出が少ないが、そのような資源配分をめぐる教育政策に対して、「世論」が容認もしくは支持しているという実態がある（中澤 2014）。そのような「世論」は、個人は教育を受けることで知識や収入などの便益を得ることができるため、受益者自身が費用を負担することが適切であるという考え方から生じている。しかし実際には、教育の便益は当該個人だけではなく社会全体に及ぶのであり、それが教育費用の公的負担が不可欠である理由であるが、日本では国民の中でそうした認識が弱く、それが投票行動や支出行動として現れて現状が維持されている（矢野ほか 2016）。

ただし、今世紀に入ってから日本の少子化と人口減が問題視されるようになり、その対策の一環として保育・教育の公的負担を増加させる政策が一部で実施されている。しかし、それらが少子化や教育格差の是正にとって有効性をもつかどうかについては批判的な研究や指摘も多い。

この「有効性」という観点と密接に関わる重要な研究群として、政策が実施されたのちの効果に関する諸研究がある。たとえば、学校教育の最も基礎的な条件として学級当たりの児童生徒数（**クラスサイズ**）があげられる。その上限を全国的に定めているのは「公立義務教育諸学校学

級編制及び教職員定数の標準に関する法律」(義務教育標準法)であるが、自治体の政策により、上限より小さいクラスサイズを実施している場合もある。クラスサイズが児童生徒の状態や達成にいかなる影響を及ぼしているかに関する実証研究が蓄積されており、研究結果は総じて、クラスサイズが小さいほうが、児童生徒の学力格差や教師の多忙さが是正されることを示している（中西 2023など）。

　他にも、初等中等教育に関しては学習指導要領の改訂の影響（「ゆとり教育」や「探究学習」の導入など）、学校選択制や学校運営協議会など教育行政・運営上の変革の影響、新型コロナウイルス感染症流行下での一斉休校の影響、高等教育に関しては特に今世紀に入って活発に進められてきた「大学改革」の効果や弊害など、きわめて多様な政策事項に関して効果や影響を検証する研究が展開されている。

　政策効果の研究は、ターゲットとする政策以外の要因を厳密に取り除く必要があるため、計量分析【☞第3章】が用いられる場合が多い。ある政策が導入されたことを「自然実験」とみなして前後の変化を分析するといった手法も活用されている。こうした検証結果（**エビデンス**）にもとづいて政策を修正することが必要であるという指摘（Evidence Based Policy Making: **EBPM**）は多々見られるものの、実際にはむしろ政策立案者にとって望ましい方向でのエビデンスが作成・ピックアップされているにすぎないという批判的な指摘も多い（Policy Based Evidence Making: **PBEM**）。

　ここまで、教育政策の決定過程におけるアクターに関する研究群と、教育政策の効果に関する研究群について述べてきたが、もう1つの重要な研究群として、教育政策の内容や方針そのものがどのように変化してきているのかに関する研究があげられる。

　この研究群には、政策文書や法律の条文などにおける言葉の使い方や

意味づけに注目する例が多い。たとえば、教育政策において「家庭」や「資質」といった特定の言葉の使用頻度や重要性が近年上昇していることを指摘する研究などがあげられる（藤間 2020、本田 2020）。言葉の用例や意味の変化は徐々に生じることが多いため、こうした研究群では一定の長期的な時間の流れの中で変容や経緯を明らかにする社会史的な研究が豊富である。

本節で見てきた教育政策の社会学的研究からは、総じて、日本の教育政策が競争的・権威主義的で資源や人員の配分が非常に限られており、学習者や保護者に多大な負担を強いるものであることが浮き彫りになっている。

3. 世界の中の教育政策

本章冒頭で触れたように、世界各国の教育政策は、一定の共通性を帯びながらも、学校教育の制度体系（義務教育後の学校の分岐の明確さや職業教育コースの割合の大きさなど）、教育課程、選抜制度、公費支出、高等教育進学率など、さまざまな点で相違が大きい。世界各国の教育政策を分類する試みも行われているが【☞第13章】、欧米以外のアジアなどの諸国については、分類や特徴把握はいまだ途上にある。しかし、特に今世紀に入ってからは、OECDのPISAをはじめ、共通の調査票による調査を多数の国で実施し、データを公開するプロジェクトの進展（World Value Survey, International Social Survey Projectなど）により、国際比較研究を促進するデータの蓄積が進んでいる【☞第14章】。

各国間の相違がなぜ生まれるかについては、歴史的経緯（いつ頃から、いかなるスピードで社会経済的発展が開始したかなど）、政治体制（中央集権か地方分権か、民主主義か独裁制かなど）、経済状況、政府の財政状況、教育に関する伝統的な観念・文化・慣習、他国や国際機関から

第 8 章　教育政策の社会学　｜　121

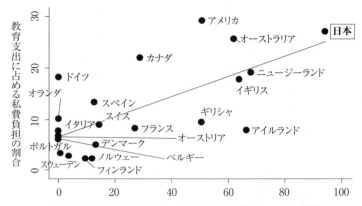

図 8 − 2　保守政党の政権期間比率と教育費に占める私的支出の関係
（Busemeyer（2015）：139, Figure3.5 より作成）[1]

の影響など、多様な要因が指摘されている。

　その中でも重要なのは、政権党が教育に対していかなる方針や姿勢をとっているかという要因である。**マリウス・ブーゼマイヤー**（2015）は、1945年から2000年までの間に、保守的な政党が政権についていた期間が占める割合と、教育費に占める私的支出との関係を分析し、両者の間に正の関連が存在すると指摘している（図 8 − 2）。日本はこの 2 つの指標のいずれも割合が高い国の典型である。

　こうした日本の教育政策上の特徴は、教員、学校司書、スクールカウンセラー、スクールソーシャルワーカーなど専門職の人員配置や 1 学級当たりの児童生徒数（図 8 − 3 を参照）など、教育の基盤的な環境整備の不十分さとして現れている。公立学校の教員は「公立の義務教育諸学校等の教育職員の給与等に関する特別措置法」（給特法）という特異な法制度により長時間の過重労働を余儀なくされており、教員志望者の減

---

[1]　Figure 3.5 Partisan Politics (1945-2000) and Private Share of Education Spending (1997-2008), Skills and Inequality: Partisan Politics and the Political Economy of Education Reforms in Western Welfare States, Marius R. Busemeyer.
©Marius R. Busemeyer 2015; Reproduced with permission of Cambridge University Press through PLSclear.

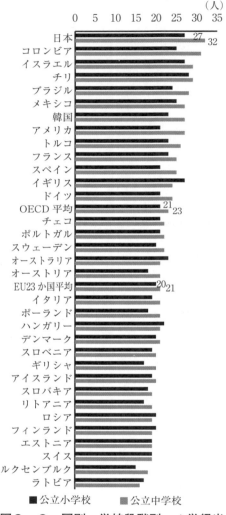

図8－3　国別・学校段階別　1学級当たりの平均児童生徒数
(OECD (2020), Table D2.3 より作成)

少が重大な課題となっている。

　教育政策の内容面では、多くの先進諸国において、近年は教育政策の成果主義化と競争主義化（「**新自由主義**」とよばれる）が進んでいる。その弊害への対応として、社会階層面で不利な子どもや移民、先住民など社会的マイノリティを対象とする格差是正策や包摂政策も多くの国で推進されるようになっている（志水・山田編 2015）が、格差や不利さを補うにはいたっていない【☞第15章】。

　なお、教育政策の現状や帰結を国際的に比較検討するうえでは、教育達成などだけでなく、児童生徒の主観的な満足感、社会意識、自己意識など幅広い指標を用いる必要がある。PISAは対象が15歳児に限られてはいるが、テストに加えて豊富な項目を含む質問紙調査を実施しており、学校現場における教授―学習のあり方や生徒の状態を把握することが可能である。そう

した質問紙調査結果を用いた国際比較によれば、日本の教育政策の帰結として、生徒の学習意欲や自信、社会関心などがきわめて低いということが繰り返し指摘されている。

4. 教育政策をめぐる課題

　本章で見てきたように、教育政策の社会学には豊富な蓄積があるが、その研究を進めるうえでは次のような課題がある。

　まず、政策決定過程が密室で行われており、そこでの具体的な経緯やアクターに関する情報が手に入れにくい場合は珍しくない。たとえば、2006年に変更された教育基本法に関しては、変更の検討は与党内に設置された「与党教育基本法改正に関する協議会」およびその下位にある「検討会」でなされてきたが、誰がどのような発言をして条文が修正されたかは明らかでない。政府文書の情報開示請求をしても「黒塗り」の形で情報が隠蔽されている場合も多く、そうした場合には政策決定過程を外部から分析することはきわめて困難である。

　政策実施過程については、個々の現場における政策の実施状況やそれに影響する要因は多様であるため、きめ細かい量的・質的調査が必要となる。政策効果の分析については、先述のように、入手しやすい「学力」や進学実績などの指標を用いる研究だけでなく、何を「効果」と捉えるかについて幅広く長期的な視野をもった調査研究が必要である。また、特定の政策の効果を厳密に検証するためにそれ以外の要因をコントロールすることは、現場の複雑な要因を捨象してしまうことにもつながりかねないため、現場のリアリティやそれが埋めこまれている社会的文脈に対する感度を保った研究が必要とされる。

　他方で、教育政策をめぐる実践的な課題としては、政策の決定過程はエビデンスだけでなく政治的意図や要因によって左右されるため、特定

の政策の弊害が研究によって指摘されていても、政策を変更させることは容易ではない。逆に、やはり先述のとおりEBPMではなくPBEMになる傾向があることも大きな問題である。そして、政策決定過程が中央集権的でかつ「政治主導」である場合に、従来の動向や現状に問題があっても教育現場の管理職や教員、さらには子どもを学校に「人質」に取られていると感じがちな保護者や児童生徒自身も、定められた教育課程や学校運営、費用負担構造を受容し従う傾向がある。しかし、前述のように日本の教育政策は、目標設定、規制・制限、資源配分という３つの側面のいずれについても問題を含んでおり、その是正のためにも広く国民の「世論」や専門職の労働環境改善の運動が必要である。

　このように研究面・実践面のいずれについても課題は多いが、課題が多いからこそ、教育のあり方を左右している教育政策に関する多角的な研究がいっそう必要とされている。

第8章　教育政策の社会学 | **125**

学習課題

①特定の教育政策を1つ選び、それが国会や審議会などでどのように議論されてきたかを調べてみよう。その際に、誰が、どのような理由で、何を主張しているかを整理しよう。
②特定の教育政策を1つ選び、日本と他国がどのように異なっているかを調べてみよう。他国については、その政策に関する経緯や歴史についても検索して調べてみよう。

参考文献

青木栄一，2023，『文部科学省——揺らぐ日本の教育と学術』中公新書.
大津由紀雄・南風原朝和編，2023，『高校入試に英語スピーキングテスト？——東京都の先行事例を徹底検証』岩波ブックレット1085.

9 | 教育問題と逸脱

仁平典宏

《目標＆ポイント》　本章では、逸脱と社会問題の社会学における主要なパラダイムについて学習し、教育問題がいかなる視角で研究されてきたかを理解する。そのうえで、このテーマが研究者の価値前提に関する問いを提起する構造を理解し、それが教育社会学に対してもつ意味を考える。

《キーワード》　アノミー、学習理論、ラベリング理論、社会的構築主義、自己省察

はじめに

　今の教育の問題点は何？と聞かれた時、いじめや体罰などの教育問題をあげる人は多いと思う。いじめをめぐる自殺や理不尽な体罰が報道されるたびに、マスメディアもネットもしばらくその話題でもちきりになる。非行やハラスメント、ストーカー事件など若者が当事者になる逸脱行為も注目を引きやすい。教育社会学の役割は、一歩引いた観点から、教育問題や逸脱を生み出す構造的・制度的な要因の探求にあると、まずはいえる。だがそれだけにとどまらない。次の歌詞を見てほしい。

　　あの娘がふられたと　噂にきいたけど　わたしは自分から　いいよったりしない
　　別の人がくれた　ラヴ・レター見せたり　偶然をよそおい　帰り道で待つわ
　　（「まちぶせ」作詞・作曲：荒井由実　圏点引用者）

JASRAC 出 2406244-401

これは、シンガーソングライターの荒井（松任谷）由実が1977年に作った「まちぶせ」という曲の歌詞である。自分から告白できない健気で奥ゆかしい恋心が切なく描かれており、1981年にはアイドルが歌って60万枚のヒット曲となった。ところが現在の私たちはこの歌詞に不穏なものを感じないだろうか。1990年代以降に日本で浸透した「ストーカー」という概念を知る私たちは、片思いを募らせるあまり帰り道でまちぶせするという行為に病理的なものや危険なものを感じるかもしれない。少なくともヒットした当時と違う感覚で聞かれるのは確かだろう。このように、私たちのまなざしの変化によってそれまでは別の意味づけのもとにあった行為が、「問題」「逸脱」とみなされるようになることもある。そのメカニズムの解明も教育社会学のもう１つの重要な役割だ。

この２つの課題のもとでいかなる知が蓄積されてきたのか、本章では見ていきたい。

1. 社会問題の２つの見方

社会学では教育問題は**逸脱**や**社会問題**という観点から捉えられる。逸脱は既存の規範から外れた（とみなされる）行為を指し、社会問題は理論的な立場によって異なるが、社会にとってマイナス（逆機能的）な事象、もしくは人々が社会的に問題だと認識している事象ととりあえず捉えられる。社会学にはこのテーマを考えるうえで大きく２つの見方があり、19世紀後半の社会学の始祖デュルケムの議論の中に既にその二面性が現れている。

第１に、デュルケムは、逸脱を**社会的事実**【☞第１章】という観点から捉えた。社会的事実とは個人の外側にあって行動や考え方に影響を与える規範や制度のことだ。デュルケムは逸脱が一定程度生じることは社会にとって正常だとしたが、多すぎる状態は病理的とみなし、社会のあ

りようによって量や質のパターンが変わると考えた。たとえば自殺は心の問題と捉えられがちだが、デュルケムによると社会の影響を強く受けている。近代化【☞第2章】に伴う資本主義の発展で、それまで欲望を抑えていた伝統や慣習が緩み、欲望はどこまでも追求されるようになった。この状態を**アノミー**とよぶ。かつては社会の規制が強く個人の欲求が過度に抑圧されたことを理由とする自殺（宿命的自殺）が見られたが、近代社会では逆に、際限なく膨れ上がる欲望に慢性的な焦りや虚しさ、満たされない欲求不満を感じて自殺するアノミー的自殺が増えるという（Durkheim [1897] 1960＝1985）。この分析は病理的な事象の社会的な要因を客観的・実証的に捉えようとしており、社会問題研究の代表的なスタイル（**規範的・客観主義的・実証主義的**）の原点となった。

　第2に、デュルケムは逸脱が人々の意味づけによって構成されている点にも注目した。彼は「われわれは、それを犯罪だから非難するのではなくて、われわれがそれを非難するから犯罪なのである」（Durkheim [1893] 1960＝1971:82）と述べたが、これは逸脱は客観的に存在しているのではなく人々の捉え方次第だということを示す。たとえば20世紀初頭のアメリカでは飲酒が犯罪とされていたが、今の先進国では未成年以外の飲酒は認められている。もしかすると将来は、未成年の飲酒よりも、国際学会で発表するために大量の二酸化炭素を撒き散らすジェット機に乗る行為のほうが恥ずべき犯罪とみなされるかもしれない。デュルケムはまた、聖人しかいない修道院ではささいな逸脱が「犯罪」になると指摘するが、何を「犯罪」とみなすかの基準を変えることで、社会は絶えず「犯罪者」を作り出す。以上の視角は、特定の行為に「問題」「逸脱」とラベルを貼る私たち自身のまなざしや行為を問い直す**批判的・解釈的・構築主義的**なアプローチにつながっていく。

2. 社会問題研究のパラダイム[1]

2.1 機能主義と実証主義

　第１のアプローチの展開を見ていこう（詳しくは岡邊編 2020等を参照）。機能主義【☞第２章】の立場からデュルケムのアノミー論を改変し逸脱研究に用いたのが20世紀の半ばにアメリカで活躍したマートンだ。彼はアノミーを、社会的に良しとされる文化的目標とそれを達成するための合法的な方法（制度的手段）との間にズレがある状態と捉えた。たとえば経済的成功という目標を内面化していながら、家庭の事情でそのための手段（たとえば進学）がない場合がそれだ。この状況を打破しようと非合法的手段に走る場合（「革新」とよばれる）と、文化的目標に背を向けアルコールや薬物依存になる場合（「逃避主義」とよばれる）、逸脱とみなされることになる。これを「**緊張（strain）理論**」とよぶ。

　20世紀前半から半ばにかけてのアメリカでは、他にも実証的な研究にもとづくさまざまな理論が生み出された。その中心は急激な人口流入を受けた大都市にあるシカゴ大学である。当初、逸脱は**社会解体**（既存の社会構造・規範が崩れ統制が困難な状態）地域における社会病理として捉えられていたが、やがて学習や社会化に注目した**学習理論**が主流となった。代表者の１人のサザーランドは、非行的な仲間や文化との接触により非行を学習していく過程を**分化的接触理論**として理論化し大きな影響を与えた。コーエンは、下層階層の子どもたちがミドルクラス的な価値に対する反動として形成された**非行サブカルチャー**（非行したほうが仲間内の地位が上がる等）に接触することで非行化が進むと捉えた。クロワードとオーリンは非行への接触や遂行する機会が社会構造上の地位によって変わることを指摘した（**分化的機会構造論**）。さらにグレイザーは、非行や犯罪を実際に行うのは、非行的な仲間やサブカルチャー

---

[1]　パラダイムとは、科学史家トマス・クーンの概念で、研究者集団の中で広く認められた科学的業績で、一定期間、研究者に影響力をもつ問い方や答え方のモデルを提供するものを指す。

に接触するのみならず、内面までその価値への同調化が進んでいる場合だと指摘し**分化的同一化**とよんだ。他方、サイクスとマッツアは、非行少年の多くは罪悪感も感じていることから、社会規範を内面化していないわけではなく、合法的活動と非行の間を一時的に**漂流**（drift）していると捉えた。彼らは、責任の回避や非難者への非難といった自己の行動を合理化・正当化することで社会規範を**中和**する技術により非行を可能にしている。

　非行の抑制要因も注目された。レックレスは**抑制理論**を提唱し、外的要素と内的要素が正常に機能していれば非行は抑制されると考えた。さらにハーシは、重要な他者への愛着などの4要素からなる個人と社会を結ぶ**紐帯**（bond）が、なんらかのきっかけで断ち切られたり緩められたりすることで逸脱が生じるという**社会的コントロール理論**を展開した（Hirschi 1969＝2010）。以上の議論は日本の非行研究者にも大きな影響を与えている。

2.2　解釈的アプローチ：ラベリング理論・自己省察

　次に第2のアプローチの展開を見ていこう。第1の研究群は多くの成果を生んだが、特定の行為を逸脱と見るのはマジョリティの価値観の押しつけではないかという反省も生まれてきた。アメリカの社会学者ミルズは、研究者は支配的な価値観にそぐわないものを「社会病理」として矯正しようとしているという批判を行い、先述のサザーランドはホワイトカラーの中にも収賄や職権濫用などは見られるように（ホワイトカラー犯罪）、逸脱が下層階級に特有のものではないことを指摘し、逸脱と下層を結びつける恣意性を示唆した。

　1960年代に入ると公民権運動や反戦運動を背景にそれまでの近代的な価値体系を見直す動きが広がり【☞第2章】、逸脱研究でも**ラベリング**

理論という新しいアプローチが登場した。その特徴は、特定の行動に「逸脱」というラベルを貼る社会の反作用に焦点を当てる点にある。レマートによると、通常初発の軽微なルール違反は習慣化されておらず「逸脱者」としてのアイデンティティも伴わない（第一次逸脱）。ところがそれが発覚し、周囲から犯罪者とみなされたり処罰を下されたりすることで、本人の中で「逸脱者」としてのアイデンティティが形成され、本格的に逸脱行為を行うようになる（第二次逸脱）。シカゴ学派のベッカーは、レマートの議論を敷衍して『アウトサイダーズ』（Becker [1963] 1973＝2011）を著し、ジャズミュージシャンの世界におけるマリファナ摂取が、彼らにとっては日常的な文脈にあること、社会はそれに違反することが逸脱となるようなルールを設けて、特定の——権力を持たない——人々に選択的に適用し（**セレクティブ・サンクション**）、「アウトサイダー」としてのラベルを貼っていることを明らかにした。他方でラベルを貼られた側は逸脱とされた行為に独自の意味付けをして、自分たちのほうが優れた存在とみなし、それにふさわしい思考や行動様式をもつようになる。このような**相互行為**を通じて「逸脱」というリアリティが創られていくプロセスを描き出した。また**劇場理論（ドラマツルギー）**を駆使するシカゴ大学のゴッフマンは、逸脱行動によって「負」のイメージである「**スティグマ（烙印）**」を押された人々が、周囲の「観客」のイメージに合わせて演技しつづけざるを得ないことを指摘している。エリクソンはこの視角を歴史研究に適用し、17世紀にアメリカのピューリタン入植者社会で行われた魔女狩りを分析対象として、指導者層の聖職者が法的に操作して一定数の「魔女」を生み出し宗教的秩序に対する脅威への見せしめとして処罰していたこと、そのような「逸脱者」の創出によって社会秩序を維持していたことを解き明かした。

　このようにラベリング理論は、「逸脱」というレッテルを貼る社会や

マジョリティの暴力性に焦点を当てる。ベッカーは「私たちは誰の側に立っているのか」というアメリカ社会学会の会長講演を行い、ウェーバーの**価値自由**（value-free）——社会学者は自らの価値判断を事実判断に影響させてはならないという規準——を幻想と批判した。なぜなら社会学者も研究でなんらかの価値を常に既に選択しているからである。ベッカーによると社会は「信頼性のヒエラルキー」（信頼や傾聴されるべき権利に関する階層構造）を有している。この中でどの立場の観点を採用しても、特定の価値に立っているものとしてみなされてしまう。よって社会学者はどの価値観点を選択しているのか自覚的である必要があり、ベッカー自身は自らのラベリング理論を社会の「負け犬（underdog）」・従属者の立場に立つものと位置づけた。ただし同時に、分析の客観性の担保のために、自分の怒りや同情などの感情を分析にもちこまない**感情中立性**（sentiment-free）が重要だとした。

　この議論を批判したグールドナーは、研究の論理的手続きの背後で隠れた指針となっている**背後仮説**に注意を促す。それは研究者の感情と強く結びつき記述・分析に大きな影響を及ぼす。たとえばある社会学者が、不登校を本人の怠惰（もしくは日本の学校の抑圧性）の現れだと考えている場合、生徒の行動（もしくは教師の言動）に怒りを感じるだろうが、その感情は抑圧される。しかしその感情は、「不登校」の定義や、変数選択、仮説、データの解釈、解決策の提示など、研究の各プロセスに影響を与える。このように考えると「感情中立性」を掲げるベッカーの議論はナイーブであり、社会学者にとって必要なことは、絶えざる省察を通じて、自らが依拠する価値を把握・明示することと、その価値に反する事実も素直に認める能力をもつことであると主張した。

　以上のようにラベリング理論とそれに伴う論争は、社会学者の価値的な前提を自覚させ、検討の俎上にのせることになった。

2.3 社会的構築主義

次に第2のアプローチのその後の展開を見ていきたい。1970年代は、1960年代の反動として新自由主義が台頭するなど政治的な保守化が進み、その中でラベリング理論は逆風にさらされることになった。先に見たとおりラベリング理論は社会的反作用が本格的な逸脱につながるという因果論的な説明を伴うものだった。そのため実証的な検証の対象になり、社会構造的・心理的要因より効果が小さいとして不十分なモデルだと批判されるようになった（ただし近年はラベリング理論の妥当性を示すメタ分析の結果が報告されている（岡本ほか 2017：82-83））。

この状況に対してキツセとスペクターは、ラベリング理論の核心は、問題をめぐるカテゴリーが相互作用の中で作られ特定の人々に付与される過程の分析にあり、因果的説明や客観的な状態の同定にはなかったと考える。むしろ、そのような「因果」や「客観性」自体も、科学者も含めた人々が議論ややりとりを通じて、間主観的に構成した言説として成り立っている。この観点からキツセらは、逸脱や社会問題そのものではなく、それをめぐる**クレイム（異議）申し立て**の活動を分析することを中心的な課題とした**社会的構築主義**（単に**構築主義**と表記されることもある）を提起した（Spector and Kitsuse 1977=1992）。

たとえば、ストーカー事案の相談件数は初めて統計が取られた2000年以降、2010年代後半に至るまで徐々に増加していった。しかし構築主義ではストーカーが本当に増えているかは知ることができないと考え（公的統計に表れる「実態」も人々の認識と相関的に構成されるため）、実態に関する問いは立てない。そのかわりかつて問題視されていなかった行為が、いかなる過程で「現実」として構築されるようになったのかという問いを、さまざまな要素（声をあげる人々の立場や用いるレトリック、報道のされ方、関係諸団体の働きかけなど）に注目しながら解き明

かすことを目的とする。

その後、構築主義者も実態についてもなんらかの想定を暗黙のうちに行っているのではないかという**オントロジカル・ゲリマンダリング**（存在論的恣意的線引き）に関する批判が行われ、その対応をめぐって複数の立場に分かれた。理論的な論争が紛糾する一方で、経験的な研究は着実に蓄積されており、たとえば「**児童虐待**」の構築過程が詳細に解明されてきた（上野 1996、内田 2009、高橋 2024）。特に既に構築された「問題」を対象にするのではなく、日常の中で感じる違和感（トラブル）が相互行為の中でいかに「問題」として定義されていくのかを分析する「トラブルのエスノグラフィー」は今後も成果が期待される領域である（中河 1999：7章）。

3．教育社会学が捉える非行・いじめ・不登校

教育問題や逸脱に関する社会学系の研究は数多く存在するが、ここでは日本の教育社会学において少年犯罪・非行、いじめ、不登校というトピックがどのように分析されてきたかいくつか紹介する（詳しくは白松ほか 2014 を参照）。

少年犯罪・非行については、実証主義的なアプローチから実態についての検討が進められ、凶悪化、低年齢化、更生の困難などの通俗的なイメージの誤りが明らかにされてきた。原因についても、養育環境に恵まれない少年のほうが非行に走りやすいこと、年齢が上がるにつれてその影響力が相対的に低下することなどが示されている（岡邊 2013）。緊張理論を用いた研究では「学歴アノミー」という概念が提示され、大学進学目標が内面化されていても実現可能性が小さければ逸脱しやすいこと、周囲から大学進学を目標として求められる一方で本人はそれを内面化していない場合も逸脱が促進されることが示された（米川 1995）。こ

の他にも分化的接触理論や社会的コントロール理論を用いた分析が行われ、日本においても妥当する報告がなされている。相互行為論的なアプローチでは、少し古いが暴走族の世界を内側から描いた『暴走族のエスノグラフィー』（佐藤 1984）という不朽の研究がある。また非行・犯罪という文脈からは離れるが、近年もヤンキーとよばれる若者の意味世界と生活構造をエスノグラフィーの手法で重層的に捉えた優れた研究が生み出されている（知念 2018、打越 2019）。また非行・犯罪からの離脱・更生・立ち直りについても、システム、プロセス、相互行為、権力との関係、言説、オルタナティブの模索などさまざまな観点から研究が深められている（岡邊編 2021）。

　構築主義とも通底する観点からは、「少年犯罪の凶悪化」というイメージは先述のとおり誤りであるにもかかわらずその神話が広がった背景が明らかにされてきた。その中で、統計で見られる犯罪の認知件数の急増や検挙率の低下は、警察の対応方針の変化（軽微な犯罪の届け出の受理の徹底や相談体制の強化）によるところが大きく、「治安悪化」という意識が虚偽であることを明らかにしている（広田 2001、河合 2004、浜井 2013など）。

　いじめについては、実証主義的なアプローチからは「いじめ集団の四層構造論」（森田・清水 1986）が有名である。これは被害者・加害者といった個人ではなくいじめにおける学級集団の機能に注目し、特に「傍観者」がもつ重要な役割を明らかにした。その後も学級集団の機能に焦点を当てる研究が行われた（竹川 1993など）。友人関係に着目した研究からは、いじめは、過剰に互いに配慮しあうことで対立を避けようとする子ども間の「優しい関係」が関係していることが指摘されている（土井 2008）。

　相互行為秩序に注目した研究も行われている。この視角が重要なのは、ある相互行為を「いじめ」と定義すること自体がしばしば困難だからだ。

往々にして当事者間でも状況定義が異なるまま事態が推移する。「いじめのサインを見抜く」ことを求める対応策も状況定義が共有されているとは限らない中で現実的でない（山口 2000）。この点をふまえて「いじめ」とカテゴリー化された後の当事者の解釈ではなく、それ以前の「トラブル」がいかに経験・解釈され、どのように「いじめ」と再定義されていくのかに焦点を当てた研究も行われている（越川 2017など）。また「いじめ」言説の特徴を構築主義的に明らかにする研究も多い。いじめが心の問題とされることで構造的側面が取り逃がされるという懸念や、いじめというカテゴリーが「死」と強く結びつくことで被害者もその選択肢にとらわれるようになるという、言説がもつ固有の力が指摘されてきた（山本 1996）。北澤毅（2015）は、「いじめ→いじめ苦→自殺」という連鎖が社会的に構築された意味世界であることを明らかにし、それを解体することの重要性を指摘している。

　不登校については、実証主義的な観点からその背景が探索され、かつては生活困窮や病欠等の原因が典型的だったが、近年は学校の正当性のゆらぎに生じていると結論づけられることが多い。ここでいう学校の正当性のゆらぎとは、学校が豊かな生活にとって不可欠だとか通学しなくてはならないという信念の低下等を意味し、近代化の行きづまりという時代診断と重なる【☞第2章】。他方で、格差・貧困が注目されるようになって以降は、困難な社会経済的要因を背景とする不登校が一定規模存在していることに着目する研究が参照されるようになった（保坂 2009など）。また不登校経験がその後の進路形成においてマイナスの影響を及ぼしていることも指摘され（貴戸 2004など）、その状況をふまえて、不登校当事者や経験者の意味付与や相互行為に注目したうえで、支援やケアに関するさまざまな調査研究も蓄積されている。さらに構築主義的な観点からは「不登校」に関する公的な名称と定義の変化がいかなる政

治的背景と意味をもっていたか分析する研究も行われた（加藤 2012）。

　以上のような、日本の教育問題・逸脱にどのような特徴があるかは難しい問題である。国際比較を行ううえで用いられる公的統計の比較可能性という問題があるからだ。これは統計や比較という営み一般につきまとう問題だが、犯罪・逸脱に関する統計の場合、**暗数**（調査側に認知されず統計的にカウントされない件数）が生じやすく社会統制側の要因も数値に影響するため（取り締まりを厳格に行うと件数は増える）、数値を実態と安易に同一視できない。もちろん、殺人のように暗数が少ないと考えられる行為（岡邊 2020）は国際的な比較も相対的に行いやすいが（日本は世界で最も凶悪犯罪の発生率が低い国の１つである）、他の逸脱カテゴリーは公的統計であっても上記の問題が避けられない。たとえば、統計のいじめや児童虐待の件数が増えたことを、事態が悪化したと見ればいいのか、これまで見逃されていた行為がきちんと把握されるようになったと見るべきなのか、簡単に決められない（詳しくは中河 1999：2章）。

　そのため逸脱や教育問題研究における国際比較は途上にある。研究例としては、いじめについて共通の調査票にもとづく４か国の国際比較調査があり（森田編 2001）、日本のいじめは発生率が最も低いものの、長期間にわたって執拗にいじめられるケースが多いこと、いじめられた時他者に訴える割合が最も小さいことなどの結果が示された。しかしやはり、調査票の「いじめ」が各国の意味体系の中で共通のものを指しているか（妥当性）、隠蔽や了解の不成立などで回答のバイアスが生じていないか（信頼性）などの問題は残る。今後の進展が期待される。

4．自らの足場を省みる

　本章で見たように、逸脱・教育問題の実証的研究は、何が問題で誰が逸脱者であるかを研究者が同定することを伴う。同時に、その営みが研

究者がもつ支配的な価値観の反映であり特定の人々を周辺化していない
かという点から、研究者自身のスタンスも鋭く問い直されてきた。それ
は単なる方法論の問題ではなく、研究者が自らの規範的前提を自覚し討
議の対象に開くことを要請する（平井 2020）。そしてこの要請は教育社
会学全体にも向けられうるものだ。学力や所得が低いことを否定的に捉
えることも——社会改良的善意にもとづくとはいえ——一種のラベリン
グであり、特定の価値前提に立たないとできないことだからである（山
口 2020）。その意味で、教育問題研究は教育社会学の単なる一分野にと
どまらず、その視角は学問全体を再審にかける潜在力を有している。

学習課題

①教育問題を１つ選んで、実証主義、解釈的アプローチ、社会的構築主
　義のそれぞれで、どういう研究が可能か考えてみよう。
②教育や子ども・若者に関係することで、かつては問題とみなされてい
　なかったのに、今は問題とされるようになったことを考えてみよう。

参考文献

岡邊健編, 2020,『犯罪・非行の社会学——常識をとらえなおす視座〔補訂版〕』有斐閣.
知念渉, 2018,『〈ヤンチャな子ら〉のエスノグラフィー——ヤンキーの生活世界を描
　き出す』青弓社.
ハーシ, T. 著, 森田洋司・清水新二監訳, 2010,『非行の原因——家庭・学校・社
　会へのつながりを求めて』文化書房博文社.（Hirschi, T., 1969, *Causes of
　Delinquency*, The Regents of the University of California.）

10 | 教育機会の不平等

多喜弘文

《目標＆ポイント》 家庭の社会経済的背景など、本人が生まれた瞬間に決まってしまう属性要因によって、その後の教育達成が左右されてしまうことを教育機会の不平等という。本章では、機会の不平等について、主に量的なアプローチで研究する社会階層論の領域の知見を紹介することで、その実態と研究に用いられる方法についての理解を深める。
《キーワード》 属性主義、業績主義、教育機会の不平等、産業化命題、持続する不平等

はじめに

このテキストを読む多くの人は、「**教育格差**」という言葉を聞いたことがあるだろう。これは、家庭の経済条件や親の教育背景など、本人の力ではどうしようもできない生まれた瞬間に決まってしまう条件により、将来の教育達成が左右されることを指して同名の著書で使われた言葉である（松岡 2019）。この定義をよく読むとわかるように、「教育格差」とは本人の責任には還元できない不平等を議論するための用語である。

しかし、この概念を講義で紹介すると、受講生から下のようなコメントが返ってくることも多い。

貧困で食べるものもままならない状況だったら、進学するどころでないことは理解できます。しかし、筆記用具や教科書も買えないなどならともかく、今の時代に勉強するための最低限の条件がそろってい

ない人なんてそうはいないのだから、結局は個人の頑張り次第ではないでしょうか。自分の知り合いにも、家計が豊かではないのに有名大学に進学した人がいます。

たしかに、今の日本社会では、家庭の条件によって進学が法的に制限されるわけではない。大学に進学している人が、すべて有利とされる条件の家庭で育ったわけではないのもそのとおりである。日本社会の大学進学率は昔と比べて大きく上昇しているのだから、直感的にも格差が縮まっているように思えるのは無理のないことかもしれない。

だが、このような個人の感覚にもとづく意見は事実認識として正しいのだろうか。また、そもそも正しいとか誤っているといったことは、どのようにして確かめられるのだろうか。本章では、こうした疑問に答えつつ、教育社会学の伝統的な枠組みにしたがって「**教育機会の不平等**」という概念のもとに、これまでの学術研究の蓄積を紹介していきたい。

1. 教育社会学は教育機会の不平等をどのように議論してきたか

1.1 機会の不平等とは何か

現代の私たちの社会は、人々がどのような仕事に就くかを決めるにあたり、**血統の原理**ではなく**能力の原理**を採用している【☞第2章、第6章】。簡単にいえば、身分などの「生まれ」に縛られず、誰もが自分の意志で将来を切り開いていける社会を、一定の合意のもとにめざしているということである。

近代以前の社会では、特定の役割を誰が担うのか決めるうえで、たとえば武士の家に生まれたら武士になるといった具合に血統の原理が一定の役割を果たしていた。こうした原理に支配される社会は、現代の私た

ちにとって受け入れがたい。本人の努力にかかわらず身分によって将来が決まってしまう社会は、私たちの社会の理念に反するからである。

この原理をもう少し拡張して、親の学歴、職業、あるいは家族構成などによって将来の立場が決まる社会を考えてみよう[1]。これらも、私たちが自分で選ぶことのできる条件ではなく、生まれた瞬間に決まってしまうという意味では、上述の社会と変わりがない。現代を生きる私たちは、本人の努力以前に生得的に決まってしまうこうした**属性要因**によって将来が規定される**属性主義**の社会を不平等だと考え、自分に何ができるかという能力にもとづいて将来を決めていける**業績主義**の社会を望ましいと考えている。

この考え方を裏返せば、私たちの社会がどういう状態を「不平等」とみなしているのかが見えてくる。近代社会では、本人が選んだことであれば、その帰結としてたとえば得られるお金に格差（＝「**結果の不平等**」）が生じても、ある程度は許容される（あるいは積極的に肯定される）。もちろん貧困のような問題は、その社会で生きる人々の尊厳に関わる対処すべき問題である【☞第15章】。また、結果の不平等が大きいと、人々のやる気を損なってしまい、社会の効率性が低下するといった議論もある。とはいえ、結果の不平等が存在しない状態、すなわち世の中の収入が特定の人たちに集中している度合いを示すジニ係数がゼロである状態は、資本主義社会であるかぎりなかなか考えがたい。

これに対し、属性要因にもとづいて生じる格差はけっして許容することができない。なぜなら、そうした格差は、原理的に本人の責任を問うことができないからである。近代社会は、人々の意思にもとづく選択を尊重するとともに、選択以前の属性的要因による影響を「**機会の不平等**」とみなし、社会の正当性を維持するために取り除こうとしてきたのである。本章では、こうした機会の不平等のうち、教育達成に属性要因が影

---

[1]　本章では学歴や職業を中心とする社会経済的地位（SES）を属性要因として中心的に扱うが、広くはジェンダーやエスニシティ、出身地域などにもとづく格差も本人が選ぶ以前から影響を及ぼすという点で、機会の不平等に含まれる【☞第11章、第12章、第14章】。

響を及ぼしている状態のことを教育機会の不平等とよぶ。

1.2 OEDトライアングルと教育機会の不平等

　機会の不平等を扱う研究は、**社会階層論**（あるいは**社会移動研究**）とよばれる。この研究領域では、親の職業や学歴に代表される**出身階層**が、本人の将来の職業的地位である**到達階層**にどのように影響を及ぼしているかが中心的な研究関心となる。到達階層が出身階層から独立していれば開放性の高い社会であるし、それらが強く結びついている場合は、開放性の低い社会、すなわち機会の不平等が大きい社会ということになる。たとえ親から子へと社会階層の移動が起こっていても、親子の職業的地位に序列的な相関関係が確認される場合は、機会の不平等が生じていると判断される。

　ここまでの説明によると、ある人の出身階層と到達階層の組み合わせさえわかれば、機会の不平等の程度や社会の開放性がわかるということになる。したがって、ここに教育の話はあまり関係がないのではないかという気もしてくる。しかし、社会階層論の議論において、教育達成には重要な役割が与えられている。この点を説明するうえで、図10−1の**OEDトライアングル**とよばれる図式を紹介するのがわかりやすい

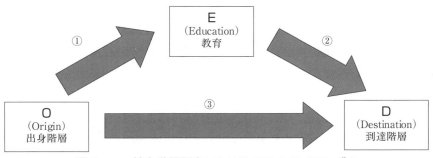

図10−1　社会階層研究におけるOEDトライアングル

（Breen ed. 2004）。

　図10-1の矢印は、それぞれの要因の間に生じる影響関係をあらわす。すでに説明してきたように、出身階層（O）が到達階層（D）に及ぼす影響力が大きいならば、地位達成機会の不平等が大きいということになる。この図ではOからDへの影響を示す経路として、教育（E）を経由する上のルートと、教育を経由しない下のルートの2種類が描かれている。つまり、出身階層が到達階層に及ぼす影響が、学歴達成を経由するか否かで分けて表現されていることになる。

　なぜ教育を経由するかどうかに注目する必要があるのか。それは、学校教育が先述の属性主義と業績主義という2つの原理を媒介する位置にあり、近代化による社会の開放の度合いを検討するためのバロメーターとなるからである。現代社会では、その人が誰であるかという血統の原理にかわり、その人に何ができるかという能力の原理が重要となる。しかし、能力は直接測ることが難しいので、それにかわる指標として本人の業績としての学歴が位置づけられているのである。

　社会階層論は、近代化にともなって属性主義から業績主義へと地位配分原理が移行していく結果、出身階層が地位達成に及ぼす影響が徐々に失われていくことを予測してきた。この予測は、「産業化の進展とともに地位の業績主義的な配分原理が優越して、世代間の階層移動は開放化に向かう」という趨勢命題として定式化され、**産業化命題**とよばれている（Treiman 1970）。

　あらためて図10-1を用いて説明すると、産業化が進むと、地位配分原理として属性にかわって学歴を重視する度合いが高まるので、出身階層とは関係なく②の矢印の影響は強まる。また、③の矢印については、学歴を経由せずにコネや世襲によって入職できる道は狭まると予想されるので、出身階層による直接的な影響は弱まる。①については産業化に

よって必要とされる知識の高度化が進むため、社会における平均的な教育水準が高まる【☞第7章】。このことで、学校に通うのが一部の高階層に限られていた状態から、属性に関わらず教育達成が行われるようになっていくため、①の矢印の影響は弱化すると考えることができる。

以上の産業化命題から導き出された予測にもとづくならば、出身階層が到達階層に及ぼす総効果は、産業化とともに弱くなっていくことが予測される。これが、社会階層論が当初設定していた主要な仮説であり、また望ましいと考えてきた社会変動のあり方でもある。この予測がどの程度実際のデータにあてはまっているのかを確かめることが、社会階層論の基本的な枠組みであったといえる。

2. 教育機会の不平等についてどのようなことが明らかにされてきたか

前節で説明したとおり、社会階層論には産業化命題という観察可能な形で定式化された仮説が存在していた。このように、何が観測されればその仮説が正しいのかがはっきりしている場合には、一般的に**仮説検証型**のアプローチが適している。そして、その仮説検証型のアプローチには、母集団からランダムサンプリングされた標本を対象とする量的研究が向いている【☞第3章】。

こうした量的研究のアプローチから、日本における社会階層論の研究をリードしてきたのは、1955年から10年ごとに実施される「社会階層と社会移動に関する全国調査（Social Stratification and social Mobility survey：**SSM 調査**）」を用いた研究群である。このSSM調査では、日本全国の幅広い年齢の成人を対象に、出身階層の指標である親の学歴や職業や暮らし向き、本人の学歴（教育段階としての**タテの学歴**だけでなく、どの学校を卒業したかという**ヨコの学歴（学校歴）**も尋ねている）、

それから本人の到達階層としての職業や収入を詳細に尋ねている。

　簡単な分析のイメージを先の図10−1のOEDトライアングルとの対応で述べるならば、以下のようなものになる。たとえば①の矢印は、(父)親の職業や学歴が本人の教育達成に及ぼす影響をあらわしている。これについて、アンケートに回答した一人ひとりの回答を見ていくならば、「はじめに」で紹介した学生によるコメントのとおり、出身階層と学歴にはさまざまな組み合わせが見られるだろう。だが、量的研究において検討するのは、こうした一人ひとりの回答ではなく、それが社会全体でどのように分布しているかである。SSM調査は数千人を対象としているので、出身階層と本人の学歴の組み合わせを集計していけば、全体としての組み合わせの分布を示すことができる。個人レベルではなく数千人という集合レベルで、出身階層が高いほど学歴が高いという傾向が確認されれば（そしてそれが母集団でもいえそうなことが統計的に確かめられれば）、教育機会の不平等が存在するということになる。

　また、量的分析における関連の強さについても一言付け加えておきたい。教育機会の不平等の存在が確認されたといっても、関連があるかないかだけでなく、その影響の強さも重要である。データの測り方や分析方法および投入する変数などにもよるが、回答者の学歴や到達階層に対する出身階層の影響を分析した場合、その説明力が３割を上回るようなことはめったにない。つまり、回答の散らばりのうち７割以上は出身階層の違いでは説明できない本人の努力や「運」などによるものなのである。このことをふまえるならば、日々を生きる中での肌感覚として、出身階層の影響力が過小評価されるのも無理はない。社会の実態は、学歴や仕事が家庭環境によって完全に決まってしまう状態からは程遠いからである。しかし、この影響を弱いといってよいかどうかには注意が必要である。たとえば、100点満点のテストを受けるにあたり、最初から20

点差がついていたとしたらどうだろうか。これをひっくり返すのは並大抵の大変さではない。機会の不平等とは、特定の属性をもつ人だけにこのようにかかってくる競争以前の見えない条件の違いなのである。

　話を戻すと、上記のSSM調査を中心とする量的データを用いて、教育機会の不平等は繰り返し検討されてきたが、そこでは以下のような知見が得られている（レビューとして平沢ほか 2013）。まず、日本において教育機会の不平等が存在することは、疑いようのない事実である。そして、戦後日本において教育拡大は継続的に生じてきたわけであるが、それにもかかわらず教育機会の不平等が縮小したという確かな証拠は得られていない。この間、人々が教育を受ける期間はたしかに社会全体として長期化している。だが、結果として、学歴や到達階層に対する出身階層の総合的な影響力は弱まっておらず、大枠において産業化命題は否定されたといってよい。

　なぜ、教育拡大や産業化が生じているにもかかわらず、機会の不平等は縮小しないのだろうか。変数の間の結びつきの強さだけでなく、それが生じる**メカニズム**に注目した研究も数多くなされている。出身階層の影響力が維持されるメカニズムについては、さまざまな社会的資源が子どもの成績に及ぼす影響を除去したとしても、子どもが少なくとも親の職業的地位を下回らないような進路選択をすることをモデル化した**合理的選択理論**の枠組みにもとづく**相対的リスク回避（RRA）仮説**（Breen and Goldthorpe 1997）や、ピエール・ブルデューの理論を応用して**文化資本**が界との関わりで機能する側面を描いた**社会的再生産論**などが提唱されている。欧米由来のRRA仮説を一部読み換えた**学歴下降回避仮説**（吉川 [2006] 2019）は、不平等生成メカニズムの議論を、日本の文脈に違和感なく適用できるように手を加えたものである。

　以上に紹介した研究は主に量的研究にもとづくものであり、理論的に

想定される効果が実際にデータから観察されるかどうかを検討する仮説検証型のアプローチをとるものが多い。これに対し、統計的に確認される効果はふまえつつも、人々の実践を内側から理解することを通じ、教育の不平等が生じるメカニズムを明確化しようとする質的研究も存在する【☞第4章】。アメリカでのフィールドワークをもとにしたラローの研究【☞第11章】は、量的な研究にも参照されうる仮説を説得的に提示しており、日本でもその枠組みを応用して家庭の教育戦略を検討した研究につなげられている（本田 2008）。ほかにも、近年の質的研究として、高学歴層以外を対象に教育実践の内実に注目したフィールドワーク（知念 2018、山田監修 2022）や、高校生とその親を対象に量的調査と質的調査を組み合わせた混合研究法による研究（豊永 2023）などが、人々の意味世界の内在的理解を通じ、教育の不平等生成メカニズムの理解を深めるための知見を提示している。

3. 世界の中の機会の不平等と教育

　機会の不平等をめぐる知見は、研究者が国を越えて相互に研究を参照し、時に協力しあうことで蓄積されてきた。特に1990年代以降、社会階層論の研究者の国際的なネットワークの広がりや、パーソナルコンピューターの性能の向上なども相まって、機会の不平等に関わる研究の知見を国際比較によって体系的に検証しようという試みが増えた（レビューとして多喜 2020、多喜ほか 2022）。そうした試みの中でも、産業化に伴う教育機会の不平等の量的側面については、日本を含む13か国の比較研究が重要である（Shavit and Blossfeld eds. 1993）。この研究では、教育拡大によって教育機会の不平等がどのように変化するかについて、それぞれの国の全国データを用いて体系的な検討を行っている。この比較研究では、多くの社会で教育拡大が不平等の構造の変化とほとん

ど結びついていないとする「**持続する不平等**」（persistent inequality）
が結論づけられている。

　このように、日本だけでなく他の社会でも教育機会の不平等が縮小し
ていないことが明らかになる中で、ヨーロッパを中心に、国家間の制度
の違いに着目した比較研究もなされるようになった。これは、不平等の
量的側面よりも、それを生じさせるメカニズムに着目したものであると
いえる。その中でも、特に多くの研究に注目されたのは、中等教育段階
において早期選抜により一般教育と職業教育の学校を分けるドイツ語圏
を中心とした分岐型の学校体系の社会と、北欧やアングロサクソン系の
社会を中心とする総合制の学校体系をとる社会の比較である。

　分岐型の学校体系をもつ社会において、そうでない社会よりも教育機
会の不平等が大きいのではないかという疑いは、欧米において早くから
共有されていた。それが国際比較における重要なフレームワークとなっ
たきっかけは、ミュラーとシャビット（1998）である。この研究は、中
等教育段階におけるその社会の教育制度の特徴を**階層化**（stratification）、
標準化（standardization）、**職業的特殊性**（vocational specificity）とい
う3つの指標を用いて比較する枠組みを示した。この研究自体は、教育
機会の不平等の度合いを比較したわけではないが、その後PISAなどの
国際学力調査を用いた多くの国際比較研究へとつながる道をひらいた
（van de Werfhorst and Mijs 2010）。それらの研究によると、早い段階
で学校類型が大きく分かれる分岐型の学校体系において、学力や進学期
待に対する出身階層の影響力が強い傾向が観察されている。

　以上のように、社会階層論の領域では、国際的な共同プロジェクトと
個別の研究者による研究が、中心となる比較の枠組みを緩やかに共有し
ながら進められている。この研究領域では、量的データを用いた研究が
中心であることもあって、方法論的な更新の頻度も高く、また分野を横

断した知見の共有も行われやすい。近年は、統計的因果推論【☞第3章】の枠組みを軸に、理論との関わりで測定したいものが何であるのかを明確化し、それに応じた効果の推定を行うための方法論的な議論も盛んである（Lundberg et al. 2021）。

　教育機会の不平等に関わるその後の知見をいくつか紹介すると、上で紹介した「持続する不平等」に対し、いくつかの社会で教育機会の不平等が縮小しつつあるという知見も提示されるようになっている（近藤・古田 2009、Breen and Müller eds. 2020など）。他方、教育達成を**絶対的価値**で捉えるか**相対的価値**で捉えるかによって、得られる知見が異なることを指摘した研究もある（Fujihara and Ishida 2016）。また、制度に着目した比較研究においても、それまでのPISAなどを用いた一時点の測定ではメカニズムを正しく推定できていないとして、パネルデータや自然実験を用いたより説得的な検証や、比較のための枠組みのさらなる精緻化をめざす研究なども行われている。

4. 教育機会の不平等をめぐる課題

　教育機会の不平等をめぐる研究は、教育達成が出身階層を中心とした属性要因に左右されていることを明らかにしてきた。私たちは、誰もが自分の意志にもとづいて行動しているつもりでいる。だが、そうであるにもかかわらず、日本社会を集合レベルで観察するならば、はっきりと出身階層の影響が生じていることが繰り返し確認されている。日常的な実感として腑に落ちるかどうかには個人差があるかもしれないが、社会を単位に観察すると明らかに存在する不平等を、社会階層論分野の量的研究は目に見える形で示してきたのである。

　この領域の研究にも多くの課題が存在する。本章では、属性要因として親の職業や学歴を中心的に取り上げたが、ジェンダーやエスニシティ、

出身地域などについては扱えていない。本章で紹介してきた知見が、たとえばジェンダーによって異なっているといった**効果の異質性**については、いまだ十分検討されていないことも多い。

　また、本章でいくつか紹介してきた仮説には欧米由来のものが多いことにも注意を払ってもよいかもしれない。前節でも紹介したとおり、制度に着目した比較は欧米内の差異に注目する中から生み出されてきたものである。欧米とは**背後仮説**【☞第9章】の異なる日本や東アジア社会から、こうした比較枠組みを問い直すような試みを行うことも、研究領域の発展のためには有意義であろう。学校の壁を越えた階層戦略としての**影の教育**（shadow education）などは、競争的筆記試験による受験が加熱する文脈との関わりで注目する余地があるかもしれない（Park et al. 2016）。

　このほかに、たとえば日本でも行動遺伝学との接点において、地位達成に対する**遺伝**の影響に言及する研究も出てきている（安藤 2023）。そこでの議論は必ずしも社会階層論の知見と接合されているとはいえないが、欧米の近年の研究成果と合わせて議論していく余地が残されている（Conley and Fletcher 2017=2018）。そうした研究が世間に対してもつインパクトは慎重に考えていく必要があるが、それは遺伝のようなトピックに限ったことではない。そもそも社会階層論の実証研究が、「社会経済的に高い位置に達することが望ましいことだ」というメッセージ性をもって受け止められる可能性があることは自戒をこめて記しておく必要がある。

　日本では、同じように扱うことをもって平等な政策であると考えられやすい（苅谷 2009）。しかし、あらゆる社会には、平均的に不利を被りやすい社会的なカテゴリーが存在する。そうしたカテゴリーを同じように扱うことは、もともと不利な属性の人を不利なままにとどめておきやすいことが知られている。日本社会が明示的なアファーマティブ・アクションへの

想像力を欠いてきた社会であることはふまえておいてもよい。こうした状況への対応策の1つとして、教職課程に機会の不平等に関わる内容を埋めこむことで、社会的な認識を変えていくことなどが提案されている（中村・松岡編 2021）。社会階層論は集合的な現実を観察し、そこからの記述や説明を行ってきた。そうした知見をいかに社会で共有し、より良い社会への提案につなげていけるかが問われているといえよう。

学習課題

①進学に関わる出身階層（親学歴・職業・収入など）の影響のうち、経済的な要因以外で進学に影響を及ぼす可能性について考えてみよう。また、そのような経路での影響が本当に存在するかどうかを確かめるために、どのようなデータや分析が有効であるかについても考えてみよう。

②不利な背景をもつ生徒の進学を支援する方法として、奨学金を拡充する政策がある。このアイデアが教育機会の不平等の縮小に有効に機能するかどうかについて、異なる立場に分かれて身近な友人やクラスメートとディベートしてみよう。

参考文献

平沢和司, 2021,『格差の社会学入門——学歴と階層から考える［第2版］』北海道大学出版会.

松岡亮二, 2019,『教育格差——階層・地域・学歴』筑摩書房.

竹ノ下弘久, 2013,『仕事と不平等の社会学（現代社会学ライブラリー 13）』弘文堂.

11 | 家族と子育て

額賀美紗子

《目標＆ポイント》　本章では、近代家族の成立について学び、日本における
家族と子育ての特徴を「教育する家族」という概念を中心に検討する。特に、
「教育する家族」をめぐって生じている問題を、ジェンダーと階層の視点から
考える。
《キーワード》　近代家族、性別役割分業、教育する家族、ジェンダー、階層

はじめに

　「家族と子育て」というテーマを聞いた時、誰が子育てをしているイ
メージが頭に思い浮かんだだろうか。世界最大級の写真素材サイトを運
営するゲッティイメージズは、「子育て」というテーマで女性と男性の
画像のどちらがより多くユーザーに選ばれているかを調査した[1]。その
結果、世界全体では「子育てする女性」の画像のほうが「子育てする男
性」よりも1.36倍多く、日本に限定すると２倍多く選ばれていることが
わかった。「子育ては女性がするもの」というステレオタイプは世界的
に広がっているが、日本では特に強く根づいていることがうかがえる。
　では実態はどうなっているのだろうか。６歳未満の子どもをもつ夫婦
がそれぞれ家事・育児に費やす時間を国別に示したのが図11－１である。
　すべての国で家事・育児が女性に偏っているが、特に日本では男性の家
事・育児時間が少なく、女性が費やす時間との差が顕著である。また、日
本の女性の家事時間は英国・フランス・ドイツとほぼ同じだが、育児時間
はどの国と比べても１～２時間近く長いという特徴が見られる。これらの

----

[1] 『朝日新聞デジタル』2022年５月４日記事「子育て＝女性？　広告に根強い固定
　観念、変えるには　消費者は変化も」

第11章　家族と子育て　| 153

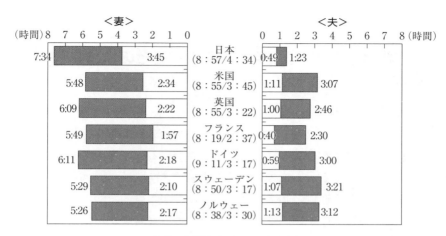

■ 家事・育児関連時間　□ うち育児の時間

（備考） 1．総務省「社会生活基本調査」（平成28年）、Bureau of Labor Statistics of the U.S. "American Time Use Survey"（2018）及びEurostat "How Europeans Spend Their Time Everyday Life of Women and Men"（2004）より作成。
　　　　2．日本の値は、「夫婦と子供の世帯」に限定した夫と妻の1日当たりの「家事」、「介護・看護」、「育児」及び「買い物」の合計時間（週全体平均）。
　　　　3．国名の下に記載している時間は、左側が「家事・育児関連時間」の夫と妻の時間を合わせた時間。右側が「うち育児の時間」の夫と妻の時間を合わせた時間。

図11－1　6歳未満の子供を持つ夫婦の家事・育児関連時間（週全体平均）
（内閣府，2020，『男女共同参画白書 令和2年版』より）

ことからは、海外諸国と比べると日本は全般的に「女性だけが子育てにとりわけ熱心な国」であるように見える。一方で、近年は女性のライフスタイルや子育ての多様化が国内で進んでいることにも注意しなければならない。

　本章では、家族や子育てのあり方が歴史的・社会的・文化的に多様であるという教育社会学の視点に立って、日本における家族と子育ての特徴を **「教育する家族」** という概念を中心に検討する。特に、「教育する家族」をめぐって生じている **階層**【☞第10章】や **ジェンダー**【☞第12章】

の問題について考えてみよう。

1. 教育社会学は「家族と子育て」をどのように議論してきたか

1.1　近代家族の成立

　まず、「家族」の捉え方について考えてみよう。「家族」と聞いて、父・母・未婚の子どもから成る**核家族**を思い浮かべる人が多いのではないだろうか。しかし、こうした家族は近代化の産物である【☞第2章】。日本では明治維新を近代の始まりと考えることが一般的だが、この時代に初めて英語のfamilyが翻訳されて「家族」という言葉が用いられるようになった。それ以前の近世社会では、「**家（イエ）**」が大きな意味をもった。それは血縁や婚姻関係だけではなく奉公人や非親族もメンバーとなる、家業を中心にした生活単位だった。「家」は親族や村の共同体の中に位置づけられ、その共同体のルールによって統制されていた。

　近代に登場した新しい家族の形態は、**近代家族**とよばれる。落合（2019）によれば近代家族は次の特徴をもつ。①家内領域と公共領域の分離、②家族構成員相互の強い情緒的関係、③子ども中心主義、④男は公共領域・女は家内領域という性別分業、⑤家族の集団性の強化、⑥社交の衰退とプライバシーの成立、⑦非親族の排除、⑧核家族である。この中でも、仕事を父親、家事・育児などのケアを母親の領域とする**性別役割分業**【☞第12章】と、特別な配慮が必要な存在として子どもを家族の中心に据える**子ども中心主義**は、子育てのありようを大きく変化させた。近世以前の社会では子育ては共同体の中で行われたが、近代家族が広がるにつれて、母親こそが子どもに愛情を注ぐべきであり、子育てに最適な資質をもっているという**母性神話**が形成され、女性の生き方の規範となっていった。母性神話とは、母親という役割の絶対性や特殊性を強調するこ

とで、女性に母親として生きることを促す圧力である。日本では明治期に「**良妻賢母**」規範が登場し、都市部の新中間層（官公吏、医師、教員、会社員など）の間で女子中等教育を通じて母性神話が浸透していった。

　専業主婦が大衆化するのは、戦後の高度経済成長期である。産業構造の転換によってサラリーマン世帯が増加したことや、「少なく生んで大事に育てる」という志向が高まったことによって、家事と子育てに専念する専業主婦が女性の標準的なライフスタイルになっていった（落合2019）。しかし、1970年代半ばに入ると経済成長の停滞によって**非正規雇用**で働く女性が増えはじめ、1990年代には共働き世帯が専業主婦世帯の数を抜いた。現在では共働き世帯は専業主婦世帯のおよそ３倍になり、出産後も就労を継続する女性の割合は年々増えている。しかし働く女性の約半数は非正規雇用であり、子育てをしながら家計の補助を目的にパートで働く女性が多いことには留意が必要である。

1.2　近代家族モデルの再考

　T.パーソンズは、子どもを**社会化**し、社会に適応的な成員に育てるうえで家族が重要な機能を果たしていると論じた（Parsons and Bales 1956=2001）。社会化とは、他者との相互作用を通じて個人がある社会に適した行動パターンや価値観を学習する過程を指す【☞第１章、第２章】。パーソンズは稼ぎ手としての父親と、子どもと情緒的関係を結びながら子育てに従事する母親が、それぞれ同性の子どもに対して性別役割を伝達し、子どもはその役割を内面化することで、社会のシステムが円滑に維持されると考えた。個人や家族を社会の機能維持のための部分とみなす考え方は、**構造機能主義**とよばれている。

　しかし、パーソンズによる家族の社会化理論は、欧米の社会史研究やフェミニズム研究【☞12章】の発展の中で批判を受ける。普遍的である

とされた核家族やその機能は、近代化の産物であることが指摘された。また、共働き世帯やひとり親世帯が急増する中で、家族の形態や子どもの社会化過程の多様性が注目されるようになった。フェミニズムの視点からは、一見情愛によって結びついている家族の中には男性が優位に立つ**家父長制**が潜んでいることが提起された。近代家族が内包する夫婦間の不平等な権力関係や、子育ての責任を母親に押しつける社会構造が批判され、性別役割分業や母子関係を強調する社会化モデルが再考されていった。

1.3 国内の教育社会学における「家族と子育て」研究の展開

　日本の教育社会学では、1980年代頃から「しつけ」という切り口から家族による子どもの社会化を明らかにする研究が蓄積された。特に、バーンスティンの文化伝達コード論に依拠しながら、しつけを社会の中で制度化された世代間の文化伝達行為として捉え、しつけ方略の違いに関する研究が進んだ（柴野 1989）。「しつけの型」の喪失や、「見えない教育方法」【☞第5章】が推奨される現代のしつけの特徴が明らかにされ、そうした状況が母親の葛藤につながっていることが示唆された。

　「**育児不安**」の研究も同時期に進展した（牧野 2005）。当時、母性神話のもとでは子育てを「楽しむ」ことがあたりまえであるとされ、母親たちが子育てに抱く負の感情は社会的な問題とされることがなかった。育児不安研究は、母親の葛藤の原因が母子だけの**密室育児**の状況や、子どもが三歳になるまでは母親の手で育てるべきであるとする**三歳児神話**の圧力などにあることを示し、「理想の母親」であることを女性に強いる社会の構造を分析する視点を、新たに提供したのである。

　1990年代に入ると、「教育する家族」の形成過程に注目が集まる。この背景には、少年犯罪に関する報道が過熱化する中で、その原因を「家

庭のしつけや教育力の低下」に見出し、**家庭教育**の強化を求める声が大きくなった当時の社会的状況がある。家庭教育は、家庭内における子どものしつけを指す営みであると同時に、学校教育の学習面での補完および子どもの地位達成を目的とした親の意識的働きかけを指す（天童・多賀 2016）。教育社会学の研究は、「家庭教育の衰退」を唱える言説や国の政策に対抗し、「教育する家族」という概念を使って、子どもに対する家庭の責任と教育力がいっそう増している現代の状況を提示したのである。

　2000年代以降は、家族の教育戦略や子育て戦略が注目され、階層間格差との結びつきが活発に論じられるようになった。この背景には、学校選択制の導入や教育サービスの市場化などの新自由主義的な教育改革が進み、収入や学歴の高い親がますます熱心に子どもの教育に関わる状況が強化されたことがある。同様の状況を日本よりも早く経験したイギリスでは、P.ブラウン（1990）が従来のメリトクラシー【☞第6章】に代わって、**ペアレントクラシー**が新たな選抜の原理になることを提起した。ペアレントクラシーは、親がもつ諸々の資源と親の教育期待や希望が、子どもの教育達成に大きく影響を与える可能性を示唆する概念である。近年、「親ガチャ」という言葉がブームになったことからも、子世代の格差形成における親の影響力は広く知られるようになった。教育社会学の領域では、家族を通じた不平等の再生産過程に関する、量的・質的研究【☞第3章、第4章】が蓄積されてきた。

　さらに近年は、2000年代以降の政治状況をふまえて、国家による家庭の統制や、家庭教育と**ナショナリズム**の関係への批判的考察が行われている（木村 2017、本田・伊藤編 2017）。2006年の教育基本法改正や、2016年の自民党による家庭教育支援法案、各自治体で制定が増える家庭教育支援条例の分析を通じて、国による家庭への介入、即ち公権力によ

る私的領域の侵犯の問題が検討されている。実質的な子育て支援ではなく、「家庭支援」の名の下で、公権力が「あるべき親」像や家庭教育を市民に押しつけていることの問題性が指摘されている。

2.「家族と子育て」についてどのようなことが明らかにされてきたか

本節では、「教育する家族」に関わる知見のうち、特にジェンダーと階層の視点が組みこまれている国内の研究を紹介しよう。

2.1 「教育する家族」とジェンダー

数々の歴史研究は、「教育する家族」の形成と母親の役割の変容を明らかにしてきた。広田（1999）によれば、子どもの教育を強く意図した「教育する家族」が出現するのは大正期である。この時期に子どもの「純粋無垢」な状態を賛美する童心主義、しつけを重視する厳格主義、学歴主義の3つが相まって、親が子どもの教育に責任を負うという子育て意識が、都市部の新中間層の間に形成されていった。学校教育がこの時期に制度化し、メリトクラシー【☞第6章】による階層上昇のルートが確立していったことも、子どもに安定した地位を授けたいと願う新中間層の親たちの家庭教育への関わりを強化していった。教育方針を決定したのは父親であったが、日々のこまごまとした家庭教育の担い手としては、母親の役割が重視された。公的領域では不十分な権利しか与えられていなかった母親たちにとって、子どもは「自分の思い通りにできる唯一の存在」であった。子どもの教育への関わりが、自身の尊厳の確立と重なって母親に受け入れられていったのである。

「教育する家族」が日本社会に広まっていくのは専業主婦が標準的なライフスタイルとなっていく高度経済成長期以降である。1970年代から

1990年代にかけては家電の普及によって家事にかける時間が減り、徐々に養育の時間が増えていった。これは子どもの教育に時間と労力をかける「教育する母親」の強化が進んだことを意味する（渡辺 1999）。学歴競争が激化し、教育産業が発展していく中で、母親は子どもの身の回りの世話やしつけだけではなく、子どものジェネラル・マネージャーとして、塾や習い事などの「手配と判断と責任を一身に引き受けた存在」になることが社会的に期待されるようになった（広田 1999）。

　また、育児書や育児雑誌などの育児メディアから、**育児言説**や**育児戦略**の変容を分析し、それらが母親の意識や実践を統制する方法を考察する研究もみられる。天童編（2004）は、1970年代の育児雑誌では、医師や学者などの専門家が「あるべき育児」を啓蒙的に母親に解説する、垂直的知識伝達が行われていたのに対し、1990年代以降は「共感型・読者参加型」育児雑誌が急増し、それらが「悩める母の感情共有の場」になっていったと分析する。さらに2000年代以降は、母親向け育児雑誌の「教育化」が進み、子どもの能力開発志向が強化されるという変化がみられる（天童・多賀 2016）。

　女性の出産後の就労継続率が高まる中で、母親の就労が子どもの発達や学力に与える影響を検討する量的研究も増えている。世帯収入、母親の就労形態、子どもの年齢、性別、親子の関係性によって、母親が就労することの子どもへの影響は異なることが明らかにされてきた。これらの知見は、母親の就労は必ずしも子どもに悪影響を及ぼすわけではなく、他のさまざまな要因を合わせて検討する必要があることを示している。

2.2　「教育する家族」と階層

　2000年代以降、格差社会の言説を背景に、国内の教育社会学では階層と子育ての関係性、およびそのアウトプットへの注目が集まった。家族

構造、親の収入、学歴、居住地、教育期待が、子どもの学力や進路形成に与える影響を検討する量的研究が多く産出され、ペアレントクラシーが検証された。その結果、ふたり親世帯、高学歴・ホワイトカラー、都市居住の親ほど、学業達成に有利な**文化資本**を子どもに継承したり、習い事や塾や家庭教師などの**学校外教育費**の捻出が可能であったりするため、子どもの学力や大学進学率が高くなっていることが明らかにされている。また、親の学歴や社会的地位を反映した、非親族を含むパーソナルネットワークが子育てを方向づけ、子どもの学力の階層差を生じさせているという知見もある（荒牧 2019）。

　質的研究は家庭の教育戦略における階層差を詳細に描き出している。本田（2008）の研究では、後述するラロー（2011）によるアメリカの子育ての研究枠組みを参照しながら、小学生の子どもをもつ母親を対象に日本における子育てと階層の関連を質的・量的に分析している。その結果、高学歴の母親ほど旧来の学力に加え、意欲や創造性、コミュニケーション能力といった「ポスト近代型能力」を育てようと、自らの時間、労力、知識、経済力を総動員していることが示された。一方で、日本ではアメリカほど顕著な子育ての階層差は見られず、「連続的なグラデーションのような「格差」が観察される」ことも指摘されている。就学前の子どもがいる家庭の質的調査においても、非大卒に比べて大卒の母親のほうが学校教育との接続を意識した子育てを熱心に行っていることが指摘されている（伊佐編 2019）。

　これらの研究の多くは母親の子育てやその影響に着目したものであるが、近年は家庭教育の担い手として父親の具体的な関わりに関心をもつ研究もみられる。2000年頃から父親が子どもの学校選択や受験勉強に積極的に関わることが商業雑誌で喧伝され、格差社会の中で子どもの教育達成に不安を覚えるミドルクラスの父親を惹きつけるようになった（多

賀編 2011）。

　父親の家庭教育への参入は、「教育する家族」の分化を促しているという仮説も提示されている。神原（2004）は次の4つのパターンに分岐していくことを提示した。①高学歴・高所得の父親と高学歴・専業母から成る"典型的な"＜教育する家族＞、②仕事も家事も子育ても父母で分担・協力するという"脱近代型"＜教育する家族＞、③父親はもっぱら仕事で、母親が仕事と家事と子育てを引き受ける"新・性別役割分業型"＜教育する家族＞、④労働者を中心とする低階層の＜教育する意志はある家族＞である。

　就学前の子どもがいる共働き世帯を調査した額賀・藤田（2022）は、上記②の父母協働パターンは大卒家庭に見出されるが、その実現のためには母親から父親への絶え間ない働きかけや交渉が必要であることを明らかにしている。非大卒家庭の間では、母親に負担が偏る③のパターンが多く、母親が就労しながら子どもの世話もしつけも教育も全部担うという状況が顕著であった。両者の間では母親のジレンマへの対処法や子どもが享受する教育環境についての格差が顕著に見られ、不平等なジェンダー規範によって、非大卒の働く女性が「教育する家族」を構築することの困難が際立っていることが示されている。

　父親の具体的な子育て関与とその影響については知見がまだ少なく、ジェンダーと階層の視点からも重要な研究課題である。

3. 世界の中の「家族と子育て」

　本節では海外諸国における家族と子育ての状況を、子育ての階層差と父母分担に焦点を当てた研究から紹介しよう。

3.1 アメリカにおける子育てと不平等の再生産

　アメリカでは人種や階層による子育ての差異が明らかにされてきた。ラロー（2011）はアメリカのミドルクラスと労働者・貧困層の子育ての違いに注目し、家庭の日常生活を参与観察【☞第4章】した。その結果、ミドルクラスの家庭では親が子どもの生活パターンを積極的に組織し、計画的に活動に介入するという「子どもの計画的な能力育成」が行われていた。具体的には、親が子どもをさまざまな習い事に通わせ、論理的な説明の仕方を日々の会話の中で大切にし、子どもが得をするように学校教師や習い事のコーチと交渉することが日常化していた。これに対して、労働者階級・貧困層では「子どもの自然な成長の達成」が重視されていた。子どもは放任されており、子どもの生活の中心は兄弟や親戚、近所の子と自由気ままに遊ぶことであった。この子育ての違いが学校の教師による評価の違いを生み出していた。ミドルクラスの家庭の子育ては学校で重視される価値観と親和的であるため、子どもは教師から高く評価されやすい。大学進学や就職を果たすうえで子どもの時から有利なスタートを切っていることになる。この考察は10年後の追跡調査によっても正しいことが確認された。中流階級の子どもは4人中3人が名門私立大学に合格していたのに対し、労働者・貧困層の子どもで大学に進学した者は8人中たった1人であった。

　この研究はミドルクラスの子育てが学歴社会の中で有利に働くことを示す一方で、そのリスクも指摘している。労働者・貧困層の子どもが自由に遊びながら主体性や自立を培っていたのに対し、ミドルクラスの子どもたちは忙しいスケジュールに振り回されて疲労していた。手間暇かかる子育ては母親に偏り、特に働いている母親の負担は重かった。アメリカでは、1980年代から**「徹底した母親業」**がミドルクラスの理想的な子育てモデルとなり、この規範のもとで母親たちは子育てに駆り立てら

れてきたと指摘される（Hays 1998）。「徹底した母親業」は、３つの柱から成る。第１に、生みの母親だけが子どもを常に養育し、その全責任を負う。第２に、母親は専門家を頼りながら育児を行う。第３に、母親は膨大な時間とお金を子どもに費やさねばならない。このようなアメリカの「理想の子育てモデル」が女性の自己実現との間に矛盾を生じさせていることや、子どもから自由を奪っていることが批判されてきた。こうした指摘は、日本の「教育する家族」に潜在するリスクと重なるものがあるだろう。

3.2　国際比較から見た子育ての父母分担

　子育てが女性に偏る現象はフェミニズムの視点から問題提起がなされてきた。ここでは、牧野ほか（2010）の国際比較研究にもとづいて家庭内の性別役割分業について各国の状況を詳しく見てみよう。図11－2は、「食事の世話」「しつけ」「生活費を稼ぐ」に関する父母分担を６か国で尋ねたアンケート調査の結果である。

　どの国でも子育てのうち「食事の世話」は母親に偏る傾向が見られるが、日本では「主に母親」の割合が際立って高くなっている。また、「しつけ」については父母両方で行う国が多いが、日本は「主に母親」の回答が６か国中最も多い。一方で、「生活費を稼ぐ」を見ると、日本と韓国では「主に父親」という回答が突出している。日本と韓国では男性＝稼ぎ手、女性＝子育ての担い手という伝統的な性別役割分業が強いことが知られている。こうした規範は日本と韓国における女性の労働力の低さと関連しているだけではなく、女性の子育て不安を煽り、両国の低出生率につながっていることが指摘されている。

　これに対して、スウェーデンでは「食事の世話」「しつけ」「生活費を稼ぐ」のすべてを父母の両方が担っている割合が高い。日本・アメリカ・

164

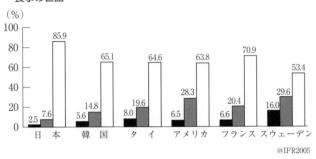
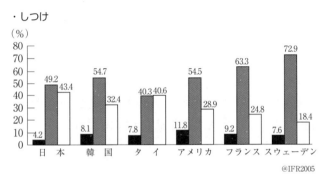
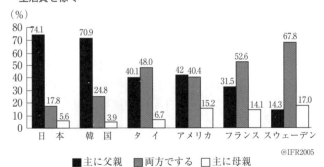

図11−2　子育ての父母分担（国際比較）

（牧野カツコほか，2010，『国際比較にみる世界の家族と子育て』ミネルヴァ書房：31より）

スウェーデンの子育てを比較したブリントン（2022）の研究によれば、スウェーデンの子育て世代は、父母の両方が仕事に就いていることを前提に、父親も母親も家庭生活を中心に据えて柔軟に就労時間を調整することを望む傾向が日米に比べて強く見られる。スウェーデンでは父親の育児休業制度が充実していることからもわかるように、子育ては女性だけが負うものではなく男女共同の責任と捉えられている。このように女性も男性も働き、同時に子育てや介護といったケアの提供者にもなる「**総ケア提供モデル**」が、従来の「**男性稼ぎ手モデル**」【☞第12章】に代わるものとして新たに提唱されている（Fraser 1997＝2003）。

4.「家族と子育て」をめぐる課題

　日本とフランス・ドイツ・スウェーデンの欧州３か国で行った内閣府の調査（2021ｂ）によると、「子どもを生み育てやすい国と思うか」という質問に対して「そう思わない」と回答した割合が日本では６割を超えた。これは、フランスの17.6%、ドイツの22.8%、スウェーデンの2.1%と比べて圧倒的に多い。子どもを生み育てやすいかどうかに関する認識は出生率との関連が見られる。「生み育てやすい」という回答が多かったフランスやスウェーデンでは、2000年代以降、保育の充実など**子育てと就労の両立支援**が拡充して出生率が大幅に回復し、近年の合計特殊出生率は1.7を超えている。一方、日本では年々数値が低下し、2023年に1.2となり過去最低を記録した。

　どういった社会的・文化的障壁が日本を「子どもを生み育てにくい国」にしているのか。その解決策はどこに見いだせるのか。本章で見てきたように、教育社会学ではこうした社会的課題について「教育する家族」という切り口から、しつけや教育を一手に担う母親の負担や、教育戦略による階層間の不平等を明らかにしてきた。一方で、主な研究対象となっ

てきたのはミドルクラスの専業主婦世帯である。現実の家族の多様化をふまえるならば、今後は共働き家庭、国際結婚や移民の家庭【☞第14章】、ひとり親家庭、貧困家庭【☞第15章】、ステップファミリー、同性カップル家庭など、これまで十分に内実が明らかにされていなかった家庭にも視野を広げ、家庭の教育戦略やネットワーク、さらにこれらの家庭が子育てにおいて直面する構造的な制約をより詳細に分析する必要がある。また、父親が子育てに参加している国ほど、出生率が高いという研究結果をふまえると、父親の子育て参加を促すメカニズムを解明していく研究もいっそう重要性を増すであろう。

　また、ジェンダー不平等や階層間格差を解消するために効果的な子育て支援策を考えるうえで、国際比較は重要な意義をもつ。スウェーデンやフランスなど出生率が回復した国々と比べると、日本は育児休業制度、保育制度、教育費の公的負担に関して大幅に遅れをとっている。公教育支出がGDPに占める割合を見ると、日本は先進国の中でも最低ランクで、家族の教育費負担が非常に重い（中澤 2014）【☞第8章】。また、日本では母親に対する子育て支援策が中心だが、北欧諸国では「総ケア提供モデル」が奨励され、**ケアの倫理**が社会全体で共有されている。母親のみが子育ての責任を負うのではなく、子育てを社会全体が担う**子育ての社会化**を基盤とした支援策が求められている。

学習課題

①親の収入、学歴、ネットワーク、子育てのスタイル（子育ての担い手、理念、子育て実践）は子どもの育ちや教育機会にどのような影響を与えているだろうか。具体的な事例をもとに考えてみよう。

②各国の子育て支援策について調べ、その特徴と課題を比較考察してみよう。他国と比べて日本の子育て支援にはどのような課題があるか。今後めざすべき方向性についても検討してみよう。

参考文献

広田照幸, 1999,『日本人のしつけは衰退したか──「教育する家族」のゆくえ』講談社現代新書.

本田由紀, 2008,『「家庭教育」の隘路──子育てに強迫される母親たち』勁草書房.

牧野カツコ・渡辺秀樹・舩橋惠子・中野洋恵, 2010,『国際比較にみる世界の家族と子育て』ミネルヴァ書房.

12 | ジェンダーと教育

本田由紀

《目標&ポイント》 日本はジェンダー間の非対称性が著しい国であり、それはさまざまな形で教育に関わる事象にも反映されている。社会学の諸研究が明らかにしてきた現状を他国との比較にもとづいて知り、打開策を考える。
《キーワード》 ジェンダー、ステレオタイプ、隠れたカリキュラム、性別役割分業、マスキュリニティ

はじめに

図12−1は、アメリカ・イギリスの主要大学と日本の東京大学の学生の男女比（2021年時点）を示している[1]。東京大学では女子学生の比率が少ないことがわかる。高等教育全体で見ても、多くの先進諸国では女性のほうが男性よりも四年制大学進学率が高いが、日本は逆に男性よりも女性の四年制大学進学率が低い。こうした教育に関連する指標だけで

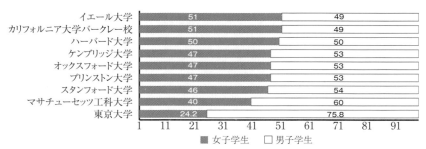

図12−1 世界の大学別の男女比
（Times Higher Education『WORLD UNIVERSITY RANKINGS 2022』をもとに作成）

---

[1] NHK首都圏ナビ WEBリポート「東大が悩む女子学生「3割の壁」世界に遅れるジェンダーギャップ解消〈東大のジェンダーギャップ 世界との大きなずれ〉」（2021年10月21日付記事）

なく、その他のさまざまな指標で見ても、日本は男女間の不平等が非常に大きい国の1つである。それはなぜなのか？

1. 教育社会学はジェンダーをどのように議論してきたか

学校教育は、児童生徒や学生を公平に扱うことを建前としているにもかかわらず、実際には個人の属性（本人の意思で変えることができない、もしくは難しいもの。性別や民族、出身家庭の特徴などが典型）によって、教育上の達成や進路選択には相違が生じている。冒頭で示した、性別による進学率の差はその典型例である。

こうした差異を、生まれつきの生物学的な性に伴う特性の違いとみなすことは、**本質主義**とよばれ、現状を固定化して捉えがちであることや、差別・偏見を助長することなどの点で問題が大きい。そうした見方に対抗する考え方が、性別による違いは社会的な規範や相互作用によって作り上げられたものであるとする、**ジェンダー**という考え方である。

そもそも、経済や仕事、政治、家族といった、現代社会を構成している個別の社会領域（サブシステム）のそれぞれが、性別という属性によって異なる社会的な役割や地位を割り当て、その非対称性を巧妙に利用することによって、システムとしての作動を維持しようとする面がある。男性は働いて経済を回し（**男性稼ぎ手モデル**）、政治的な決定をし、収入を得て家族を養い率いる存在（**家父長制**）であり、女性は男性の補助と人口の再生産のために、生殖により生まれた子どもや高齢者の世話（**ケア**）を一手に担うという**性別役割分業**が、自明かつ効率的であるとみなされていた時期を、大半の社会は経験してきた。しかし、特に20世紀以降の欧米諸国では、主に女性の側からこうした分業関係を批判し、奪われていた諸権利（参政権や職場での地位など）を求める運動としての**フェミニズム**が興隆した。それは数次の波や理論的強調点に応じて複数の分

派を形成しつつ、男女間の不平等や権力関係の指摘と是正や、社会的に作り上げられた「男らしさ・女らしさ」（**男性性・女性性、ジェンダー・ステレオタイプ、無意識のジェンダー・バイアス**）の規範を相対化する動きとして、現在に至るまで続いている。ジェンダー間の非対称性にもとづく加害の典型例が**性犯罪**や**セクシュアル・ハラスメント**であり、近年では♯MeTooのスローガンを掲げた告発が活発化している。しかし、ジェンダー平等に向けての研究や運動に対して、保守的な考え方をもつ政治家や市民からの反動的な政策や攻撃も繰り返し観察されている（**ジェンダー・バックラッシュ**）（山口・斉藤 2023）。

　フェミニズムが女性の側からの運動として「**女性学**」の発展をもたらしたことに呼応して、男性側のあり方を問う「**男性学**」も進展しており、男性内の格差を表す**ヘゲモニック・マスキュリニティ**、戦争や競争を生み出す「**有害な男性性**」、女性を排除する**ホモソーシャリティ**や**オールドボーイズネットワーク**、新たな男性像としての**ケアリング・マスキュリニティ**などの概念が生み出されてきた。また、男女の二項対立ではなく、LGBTQなどの**セクシュアル・マイノリティ**への差別の解明や権利保障の動きが、先進諸国をはじめとして活発化している。さらに、ジェンダーと民族や階層、障害など他のマイノリティ属性が重なった場合に生じる複合的な不利を、**インターセクショナリティ（交差性）**という概念を用いて焦点化する研究も進んでいる。

　このように、ジェンダーという問題は、マクロレベルの社会構造（政策・法律など）、メゾレベルの組織（学校や企業など）、ミクロレベルの個人間の相互作用のすべてを貫き、日常生活に広く深い影響を及ぼしている。そして、ジェンダーと教育（必ずしも意図されない形で生じる「社会化」を含む）は不可分の関係にある。

　まず、ジェンダー・ステレオタイプは、人生のごく初期の段階から継

続的に、家族や学校、子ども同士の関係、マスメディアなどを通じて不断に受け継がれ、世代を越えて再生産される傾向が強い。家族内での夫婦間の家事分担や、保護者が子どもの性別により異なる行動をとることも、子どもにとってはジェンダーに関する家庭内の教育（社会化）の機能をもつ。

　さらに、学校内でも、男女別の名簿、教科書の登場人物の性別や教師の言動などが、潜在的な「**隠れたカリキュラム**」【☞第5章】としてジェンダー・ステレオタイプを伝達してきた。学校段階が高いほど、また学校内での役職が高いほど、教師の中での女性比率が少なくなること自体が、「隠れたカリキュラム」として作動している。この「隠れたカリキュラム」のあり方は、学校の教育方針や共学・別学などによっても異なり、それぞれの学校は、生徒をさまざまな進路に振り分ける（**トラッキング**）のと同様に、ジェンダー・ステレオタイプやジェンダー化された将来展望への振り分けの機能ももっている（**ジェンダー・トラック**）（中西1998）。そして学校生活の中では、児童生徒自身がジェンダーに関する暗黙のルール（**ジェンダー・コード**）を自ら作り出し、集団内での行動を秩序づけている。

　学校教育制度内でのジェンダー化された進路（学校や分野）の選択は、教育を修了した後の仕事やキャリアに影響を及ぼす。女性が家庭でのケア役割を主に担うことが自明視されている場合、女性に対して企業は男性よりも低い水準の仕事内容や権限、職位、収入を割り当てがちである（**性別職域分離**）。

　以上のように、たとえ学校がジェンダー平等の建前を掲げていたとしても、社会の中に存在するジェンダー・ステレオタイプやジェンダー秩序と無関係ではありえない。

2. ジェンダーと教育についてどのようなことが明らか にされてきたか

　教育社会学におけるジェンダー研究の動向は、以下のように大きく4つに分類することができる。

　第1に、教育達成・職業達成におけるジェンダー格差やその要因に関する、主に量的な方法にもとづく研究群があげられる。教育達成の指標としては、主に科目別の学業成績や進学行動が用いられ、職業達成の指標としては、職種や雇用形態、就業を継続するか否か、収入、役職などが用いられてきた。

　日本では1970年代に男女とも高校進学率は90％を超えたが、高校卒業後の進路には近年まで男女間で明確な差が存在してきた（図12-2）。1990年代半ばまで、女性は短期大学進学率が四年制大学進学率を上回っており、それ以降には後者が上昇し、男性の進学率に近づいているが、依然として下回っている。専修学校への進学率は女性が男性を上回りつづけており、逆に大学卒業後の大学院進学率は男性のほうが高い。

　こうした進学率やその男女差は地域によっても異なり、総じて地方のほうが女性の大学進学率は低く、男女差も大きい。そして、同じ四年制大学進学であっても、専攻分野には男女差が大きく、薬学・看護学等と人文学では学生の中での女性の比率が高いのに対し、工学と理学ではきわめて低い（**性別専攻分離**）【☞第7章】。さらに、本章の冒頭で示したように、特定の大学では女性が非常に少ない。

　このような進学行動のジェンダー差の背景として、教育社会学はさまざまな要因を指摘してきた。重要な要因としては、学歴や進学に伴う地域移動、浪人の選択、分野選択などに関する保護者の意向、**資格職**（特にケア職）につながる分野を女性が選択しがちであること、中学や高校

第12章　ジェンダーと教育　| 173

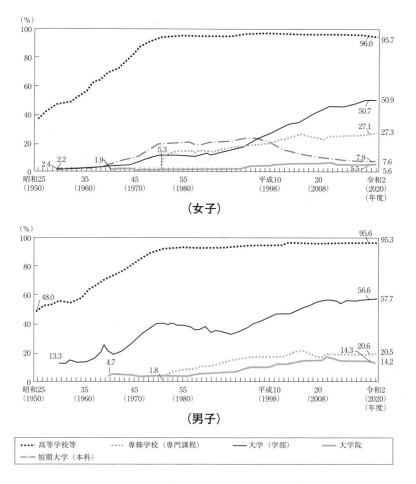

（備考）1．文部科学省「学校基本統計」より作成。
2．高等学校等への進学率は、「高等学校、中等教育学校後期課程及び特別支援学校高等部の本科・別科並びに高等専門学校に進学した者（就職進学した者を含み、過年度中卒者等は含まない。）」／「中学校・義務教育学校卒業者及び中等教育学校前期課程修了者」×100により算出。ただし、進学者には、高等学校の通信制課程（本科）への進学者を含む。
3．専修学校（専門課程）進学率は、「専修学校（専門課程）入学者数（過年度高卒者等を含む。）」／「3年前の中学校・義務教育学校卒業者及び中等教育学校前期課程修了者」×100により算出。
4．大学（学部）及び短期大学（本科）進学率は、「大学学部（短期大学本科）入学者数（過年度高卒者等を含む。）」／「3年前の中学校・義務教育学校卒業者及び中等教育学校前期課程修了者数」×100により算出。ただし、入学者には、大学又は短期大学の通信制への入学者を含まない。
5．大学院進学率は、「大学学部卒業後直ちに大学院に進学した者の数」／「大学学部卒業者数」×100により算出（医学部、歯学部は博士課程への進学者）。ただし、進学者には、大学院の通信制への進学者を含まない。

図12−2　男女別・学校種類別　進学率の推移
（内閣府（2021a）、Ⅰ−5−1図をもとに作成）

における理科系の科目・分野に関して男女間で学業成績に差がなくとも女子の自己効力感が低いことなどがあげられる（伊佐 2022、田邉 2022など）。ここには、結婚や育児で仕事を中断した場合に企業内のキャリアがきわめて不利になることから就業の継続や復帰をしやすい資格職を女性が選びやすいという労働市場の構造と、分野のイメージに関するジェンダー・ステレオタイプが色濃く影響している（横山 2022）。

　また、職業達成に関しては多数の研究蓄積があり、総じて管理職や高度専門職、議員など地位が高いとされる職業において特に日本では女性が少ないこと、既婚女性が非正規の仕事を選びがちであること、同じ職種であっても女性のほうが仕事の重要性が低くなる傾向があることが指摘されている。ここにも、女性は家庭責任を担うことが自明視されるジェンダー・ステレオタイプが反映されている。近年は、**サーベイ実験**を通じてジェンダーに関する偏見や差別をあぶりだす研究が進展している【☞第3章】。

　第2の研究群としては、学校内でのジェンダー秩序のあり方についての、主に質的な方法【☞第4章】にもとづく研究がある。このタイプの研究では、教育現場での観察やインタビューにより、学校内でのジェンダーにもとづく差異的な処遇、集団や空間の分離、ジェンダー間の関係に見られる権力構造などが明らかにされている。たとえば、教師が子どもに呼びかける際の性別カテゴリー使用、授業で教師が生徒を指名する頻度の男女間の差異、文化祭など児童生徒自身が取り組む場面におけるふるまい方の男女間の差異、部活動の場面で男女が占める空間的配置や活動の差異など、自明視されている日常的な学校生活の中でも、秩序を構成する重要な区分としてジェンダーが用いられていることが、詳細なデータ収集によりあぶりだされている。

　第3に、家族内での子育てに関するジェンダー格差に関する研究群が

あり、ここでは多様な方法論が用いられている。典型的な研究としては、夫婦間での家庭における家事や育児の分担のあり方、その規定要因および子どもへの影響などに関する実証研究が多数蓄積されている。日本は男性が家事育児に従事する時間が著しく短く、その原因としては、男性の有償労働が長時間であること、夫婦間での収入や仕事上の差による比較優位、そしてやはりジェンダー・ステレオタイプや性別役割規範などが指摘されている。

　家事育児分担に関する質的な調査研究においては、日本では女性自身が男性に稼得役割を期待したり、家事育児に関しては男性を補助的存在とみなしたりする傾向があることが指摘されている。しかし、女性の就労率が日本でも上昇傾向にあることから、女性にとっても仕事と家事育児の両立や調整は重大な課題となっており、特に子どもとの関わりや家事に関して期待される水準を維持するために、個々の世帯が保有する資源（収入や知識など）に応じて異なる対処方法が用いられているとされる（額賀・藤田 2022）【☞第11章】。

　上記以外に、家族とジェンダーに関する研究には、子どものジェンダーによる保護者の教育行動や教育期待の相違に注目するもの、また家族形成（婚姻・出産）そのものの格差や変容に焦点化した研究もある。婚姻については、結婚するか否かということに加えて、どのような相手と結婚するかということに着目した研究が進展しており、配偶者同士の関係を表す**同類婚・下方婚・上方婚**やその変動および要因について関心が高まっている。特に日本では、未婚化・少子化が顕著に進んでいることから、その背景を解明しようとする研究が増加している。

　第4に、社会史的な方法論を用いて、歴史の中のジェンダー格差やジェンダー規範、それらの変容を明らかにする研究群がある。それらの多くは、過去の文書資料を用いて、ジェンダーをめぐる特定の事柄（たとえ

ば日本では「良妻賢母」「童貞」「少女」など）の語られ方とその変容を、各時期の社会背景とともに検証する形をとる（山崎 2023など）。こうした研究では、ジェンダー・ステレオタイプの構築や変動の背景に、国家権力や商品市場、戦争などの時代状況が存在していたことが示されることで、現状では自明視されているステレオタイプを相対化するうえで有効性が高い。

3. 世界の中のジェンダーと教育

すでに述べてきたように、日本は先進諸国の中ではさまざまな指標における男女間のギャップが大きく、暗黙のジェンダー・ステレオタイプも強い国の１つである。

ジェンダーに関する社会状況を国際比較する際には、世界経済フォーラムが毎年発表している**ジェンダーギャップ指数（GGI）**や、国連開発計画が作成している**ジェンダー開発指数（GDI）**および**ジェンダー不平等指数（GII）**における各国間のランキングが注目される場合が多い。日本は2023年にGGIでは146か国中125位と低ランクであるが、GDIとGGIではそれぞれ2022年に191か国中76位、191か国中22位と、指数によって順位が大きく異なる。これは、使用されている指標の内容や順位算出の際の重みづけの相違を反映しており、後２者は後発国を念頭においた衛生や健康などの指標の割合が大きいことから、日本は相対的に高い順位となっている。しかし経済発展が進んでいる各国の中で見れば、日本の順位は高くない。特にGGIで日本の順位を引き下げている項目は、女性の政治参加の度合い（国会議員や閣僚の中での男女比など）と、管理職や専門技術職の中での男女比や賃金など経済的側面に関する格差である。

GGIでは教育に関して、識字率や各教育段階の進学率の男女差を指標

として用いており、これらの指標で見るかぎり日本のジェンダーギャップは大きくない。しかし、第1に、図12−3が示すように、欧米諸国では女性の大学進学率が男性を上回っているのに対し、日本はその逆であること、第2に、大学の専攻分野に関して自然科学・工学分野で学生に占める女性比率が36か国中最低であることなどを考慮すれば、GGIの教育指標はこうした日本の状況を捉えきれていない。

欧米諸国で男性の大学進学率が女性よりも低いことの背景には、90年代から注目されるようになった、男子の学業不振や逸脱行動、中等教育からの離脱の問題がある（多賀 2016）。特に相対的に出身家庭の社会階層が低位の男性は、力の強さや粗暴さなどの男性性を内面化している傾向があるため、知的であることを重視する学校文化や、製造業からサービス産業へのシフトが進む労働市場の変化との間で、不適応が顕在化していると指摘されている。

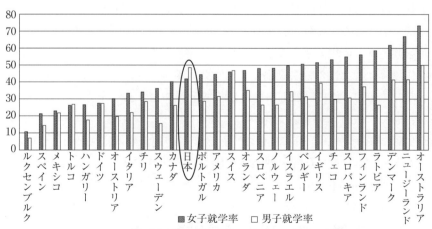

図12−3　大学相当の教育段階における男女別就学率
（OECD（2016），Education at a Glance Databaseより作成）

女性の高等教育進学率が男性よりも高いという現象は、同じ東アジアに位置する中国・韓国・タイなどでも観察されるが、日本は異なる。また、OECDが各国の15歳を対象として実施している国際学力テストのPISA2018において、日本の女子の科学リテラシー得点は528点でOECD加盟37か国中3位（男子は531点で1位、OECD平均点は489点）、数学リテラシーは522点で2位（男子は532点で1位、OECD平均点は489点）と、世界の中でも日本の女子の科学・数学リテラシーはトップレベルであるにもかかわらず、理工系分野の大学進学が異常に少ないという奇妙な現象が見られる。

　教育とジェンダーをめぐる各国間の差異を理解するうえでは、各国の社会体制を分類する**レジーム論**（福祉レジーム、スキル形成レジームなど）や、近代化の開始時期とスピードに着目する**「圧縮された近代」「半圧縮近代」論**（落合編 2013）が有用である。日本は、欧米先進諸国から遅れ、かつ他の後発諸国よりも早い時期にあたる1960年代に急激な経済発展を遂げ、福祉国家の形成が不十分である中で企業福祉と家族福祉に大きく依存する体制を形成した。これは、男性が企業に属して主たる働き手となり、女性が家族のケアの担い手となる性別役割分業体制を強固に生み出した。1980年代以降は、女性の社会進出や「男女共同参画」が政治的には掲げられたものの、1990年代以降に旧来の性別役割分業や家父長制を支持する保守層が台頭し、政府への影響力を増したために、ジェンダー・バックラッシュが生じ、ジェンダー平等に向けての社会変革が遅滞する結果となっている。

　たとえば、国連の**女性差別撤廃条約**を日本は1985年に批准したものの、条約にもとづく権利への侵害があれば女性差別撤廃委員会に通報することができる「選択議定書」については批准していない。**選択的夫婦別姓**や**同性婚**など、多くの先進諸国ではすでに実現している制度についても、日本では保守派の反対により実現していない。根強いジェンダー・ステ

レオタイプや、その進路選択への影響が日本で顕著であることの背景には、こうした歴史的・社会的背景が存在する。

4. ジェンダーと教育をめぐる課題

ジェンダーの問題については、長きにわたり研究と運動が積み重ねられてきているが、世界のどの国においてもジェンダー平等の実現は果たされていない。まして、日本では先述の歴史的経緯により、多くの課題が残されている。

まず、研究面での課題としては、日常生活の中に深く浸透しているジェンダー・ステレオタイプの実情と、それが社会の中で再生産されてゆくメカニズムをさらに解明することが求められる。

その際に、国際比較研究は各社会の特徴を相対化するうえで有効性が高いが、国際比較のための量的データはいまだ精度が粗く、実情を捉えきれていないため、人々の主観的解釈や実践にまで踏みこむ質的研究を含め、今後の展開が期待される。

さらには、ジェンダーに関する建前的な規範（**ポリティカル・コレクトネス**）が先行して社会に広がり、実態がそれに追いついていない場合、両者の間の乖離が広がることから、量的・質的調査手法のいずれについても、実態把握のためのいっそうの工夫が必要となる。

また、社会的な課題としては、いうまでもなく、ジェンダーに束縛されることなく個々人がそれぞれの可能性を追求しうる教育や社会のあり方を実現するための、政策や制度、実践が必要とされている。

その際に障壁となるのは、1つには、従来は政治や経済などの領域で多くの地位や権限を得てきた男性にとって、ジェンダー平等をめざす動きがそれらの剥奪として感じられ、多くの抵抗を生むということである。第2に、それぞれの性別の内部にも、社会階層や家族形成などの点で格

差や相違が増大しているため、方向性や具体的な政策・制度についての合意形成が難しくなるということである。第3に、先述のとおり、イデオロギーや宗教的教義にもとづき、特定のジェンダー像や家族像を理想化する集団が、国や地方自治体の政治と密接な関係を結ぶことにより、すでに社会の動向とは適合しなくなっている政策・制度が変革されないという事態を生んでいることである。

　これらの課題はあるが、男性・女性というきわめて粗雑なカテゴリーやそれに伴うステレオタイプにより直接に人生が制約を受ける状況を脱してゆくことは不可避の方向性であり、そのために教育のあり方を細部にわたり点検・改善してゆくことがめざされるべきである。

学習課題

①日常生活の中で、「男」「女」という言葉がどのように用いられているか観察し、そこにどのようなジェンダー・ステレオタイプが潜んでいるかを考えてみよう。
②世界各国の教育や仕事に関する男女別の統計を探し、国によりどのような違いが表れているかを検討してみよう。

参考文献

ゴールディン, C. 著，鹿田昌美訳，2023，『なぜ男女の賃金に格差があるのか：女性の生き方の経済学』慶應義塾大学出版会.
虎岩朋香，2023，『教室から編み出すフェミニズム』大月書店.
江原由美子，2021，『ジェンダー秩序　新装版』勁草書房.

13 │ 仕事と教育

本田由紀

《目標＆ポイント》 教育と仕事の関係は社会によって異なること、その関係のあり方を考えるうえで教育の出口であり仕事の入口である「就職」という事象についての社会学的検討が重要であることを理解する。
《キーワード》 就職、スキル、教育制度、労働市場、職業教育訓練

はじめに

あまりに「奇妙」な「日本の就活」 …やらせるわけでもない「やりたいこと」を学生に訊くという「大きな矛盾」

これは、2023年の春に、日本の新規大卒者の就職・採用に関してインターネット上に現れた記事[1]の見出しである。採用面接で企業は大学生に対して入社後に「やりたいこと」を質問するが、入社後にその「やりたいこと」ができる部署に配属するわけではないことを、「矛盾」として指摘している。

なぜこのような、一見不思議な慣行やルールがまかり通っているのか？日本では、高校や大学などの教育機関を卒業して仕事に就く際に、**「新規学卒一括採用」**という、国際的に見ても特徴的な仕組みがあることが知られている。上記の記事が指摘していることは、この新規学卒一括採用から派生する現象である。

日本に限らずどこの国でも、教育を終えると仕事に就く人が多い中で、教育と仕事の接点としての「就職」がどのように成立しており、どのよ

----

[1] 「マネー現代」2023年3月7日記事
（https://gendai.media/articles/-/106929?imp=0）

うな研究面・現実面での課題があるのかについて、本章では教育社会学の観点から基本的な概念や知見を検討してゆこう。

1. 教育社会学は「就職」をどのように議論してきたか

1.1 教育と仕事との関係に関する主な理論

　教育と仕事の間の最も理想的な関係を仮に想定するならば、"教育で身につけた知識やスキルに合った仕事に就く"ということになるだろう。教育社会学においても、仕事として第一次産業（農林水産業）に従事する者が大半であった時代から、機械や設備を扱う第二次産業（製造業や建設業）や、人や情報を対象とする第三次産業（金融、卸売・小売業、サービス業など）が発展するにつれ、より高度な知識やスキルが必要とされるようになったため、それらを身につけるための中等教育・高等教育が普及拡大を遂げた、とする「**技術的機能主義**」が、20世紀の半ば頃には優勢であった【☞第１章】。

　しかしそれと並行して、現実の教育と労働との関係は必ずしも知識やスキルによって接合されているわけではない、という見方も現れていた。たとえば、学校は人々をもともとの優秀さに応じて異なる進路や就職先に振り分けているにすぎないとする「**スクリーニング理論**」や、高い教育歴をもつことはもともとの優秀さや就職後に企業が育てやすいこと（「**訓練可能性**」）の指標にすぎないとする「**シグナリング理論**」などは、その典型例である。

　さらには、初等・中等・高等教育といった各学校段階で教えられているのは企業の中での地位の高低に応じたふるまい方であるとする「**対応原理**」や、社会の中ですでに高い地位に就いている層の好みや行動に合った「**文化資本**」をどれほど身につけているかが教育や仕事における成功を左右するという「**文化的再生産論**」も、教育と仕事や地位との関係を

「**階層文化**」という観点から説明するものであり、「技術的機能主義」の見方とは異なっている【☞第1章】。

　日本でも、修了した学校段階や、卒業した高校や大学の「ランク」といった「学歴」や「学校歴」が就職や昇進の際に有利に働く傾向があることは「**学歴主義**」とよばれ、「実力主義」とは相反する現象として批判的に論じられてきた。

　他方で、経済学の「**人的資本論**」は、"それぞれの仕事を遂行するために必要な知識やスキルはどこでどう獲得されているのか"という問いに対して、個々の企業が独自に必要とするスキル（「**企業特殊的スキル**」）は企業が費用を負担して社内での教育訓練で社員に身につけさせるのに対し、転職しても企業を越えて持ち運びできるスキル（「**一般的スキル**」）は個人が自ら費用を払って学校などの社外で身につけるとした。この「人的資本論」は、教育訓練の費用負担（投資）を、利益の回収可能性という点から説明する理論であるが、スキルを上記2つに分類することが実態に合っていないとする批判もある。

　このように、教育と労働の関係に関して多数の議論が存在してきた理由は、人々が教育を通じて何を身につけ、その中の何が重視されて特定の企業や職に採用され、仕事の現場でいかにそれらが発揮されているかを厳密かつ客観的に把握することが、本質的にきわめて難しいということにある。それゆえ、その困難さを埋めるためのさまざまな推測や考え方が生み出されてきたといえる。

1.2　教育と仕事の関係に密接に関連する事象

　さらに状況を複雑にしているのは、教育のあり方、仕事のあり方が、社会内・社会間で相違や多様性が大きく、かつどちらも不断に変化しているということである。すなわち、少なくとも次の5つの点を考慮に入

れる必要がある。

①**教育制度の構造**：世界各国の学校教育制度は、初等・中等・高等教育から構成されるという点ではかなり共通しているが、特に中等教育と高等教育については、学校体系や、設置されている学科やコース（アカデミックな学科、職業教育を提供する学科など）、それぞれに在学する生徒・学生の規模、教育の内容や方法（どれほど実習を含むかなど）も異なる【☞第6章】。日本は、後期中等教育（高校）の普通科の割合が大きく、高校や大学で学校別の入学試験が実施されていることを特徴とする国の1つである。こうした教育制度の社会間での違いは、教育を終えて仕事に就く者が身につけている知識やスキルの違いにつながっている。

②**教育人口の変動**：多くの国では、より上位の学校段階に進学する者の割合が時代とともに上昇する傾向にある。すなわち、高等教育への進学率が上昇している。しかし、そのスピードや、個人の属性（出身地域や性別、家庭背景など）による教育歴の格差の大きさには、各国間で違いがある。たとえば近年の中国では、大学や大学院への進学者が急激に増加したため、それらを修了しても仕事に就けない者の割合（失業率）が上昇している。

③**労働市場の構造**：仕事のあり方についても、国によって違いがある。たとえば、日本では大企業と中小企業の間や、正社員と非正社員の間での賃金格差が大きく、また特に大企業から他社に転職する者の割合が他国と比べて少ない。企業の中で配置転換や昇進などにより仕事の経歴を積み重ねてゆくことを**内部労働市場**、企業を越えた転職のことを**外部労働市場**とよび、賃金や安定性が高い労働市場とそうではない労働市場が分断されていることを**労働市場の二重構造**とよぶが、そうした労働市場において、誰が有利で誰が不利かにも違いがある。内部労働市場が

優勢で、正規と非正規の二重構造が明確である日本では、賃金や昇進に関して、女性が国際的に見ても著しく不利になっている。

④**労働市場や産業の変動**：経済の発展とともに、第一次産業から第二次産業へ、さらに第三次産業へと就労人口が移動する現象が多くの国で生じている。そのスピードや、第二次・第三次産業の内部でどの個別産業が盛んであるかについても国によって異なる。③で述べた労働市場の構造も、時代や景気動向などによって変化する。日本では、90年代初頭のバブル経済の崩壊以降の長期的な経済の低迷のもとで、安定した仕事に就けない新規学卒者が大量に出現し、**就職氷河期世代**とよばれた。それ以降、非正社員や雇用されずにフリーランスで働く者が増加している。

⑤**教育政策・労働政策・人口政策**：上記の①〜④のすべてが、各国政府の政策によって直接的・間接的な影響を受けている。特に学校教育の規模や構成は政策的に決定される度合いが高く、一度社会に出たあとに改めて職業訓練を受ける機会についても国の政策が重要な役割を果たしている【☞第8章】。労働市場に対しても、政府が法律や制度（たとえば失業保険など）を策定して介入している。さらに、出生や結婚などの人口構造も政府の施策に影響を受ける。日本を含む東アジア諸国では**少子化**が急激に進行しており、教育を終えて仕事に就く若年層の規模は年々減少している。

これら①〜⑤のような複雑な状況のもとに、教育と仕事との接点としての「就職」は位置しているのである。

2. 「就職」についてどのようなことが明らかにされてきたか

このような「就職」の複雑さや実態をなんとか把握しようと、教育と仕事の関係を、さまざまなデータを駆使して分析する研究が積み重ねられてきた。それらは大きく**量的研究**と**質的研究**に分けることができ、そ

れぞれの中にも多様なアプローチが存在する【☞第3章、第4章】。

2.1　量的研究

　量的な研究の代表的なものが、どのような教育機関を修了した者がどのような仕事に就き、どのように仕事をしているのかを、大規模な質問紙調査や政府統計などを用いて把握する研究である（矢野 2023、濱中 2013など）。たとえば、高卒・専門学校卒・大卒という学歴や、学んだ専門分野、あるいは高校や大学の「入学難易度」などに応じて、卒業者がどのような産業や職種、企業規模、雇用形態、賃金の仕事に就いているのか、それがどう変化しているのかを検討するタイプの研究である。ある学校段階に進学すれば、学費がかかるだけでなく、進学せずに働いていれば得られた賃金を放棄することになる（これを**機会費用**という）が、卒業後は進学しなかった場合よりも高い賃金を得ることができる確率が高い。教育にかけた費用が卒業後にどれほど回収できるかを利率として計算する「収益率」という研究手法もある。

　このタイプの研究において、近年、世界的に研究関心を集めているテーマの1つが、「**学歴インフレ**」もしくは「**教育過剰**」の問題である。先述のとおり、多くの国では上位の学校段階への進学率が上昇し、かつてと比べて大量の高等教育の卒業者が生み出されている。それが仕事の領域からの労働需要を上回っているならば、大卒などの高等教育卒業者は余ってしまい、就ける仕事の内容や賃金は低下するおそれがある。実際にどの程度の「学歴インフレ」が生じているかは国によって相違があり、必ずしも増えた大卒者が不利になっていない場合もある。その理由についてはさまざまな説明があり、たとえば仕事の世界で求められる知識やスキルが高度化するような形で技術が変化している場合、より高い教育を経験した者への人材需要は減少しないという「**スキル偏向的技術進歩**」

はその１つである。高学歴者が増えると学歴の価値は減少するが、高い
スキルをもっていることの価値は減少しにくいとする研究もある。他の
説明として、若年層が高学歴化しても、若年人口自体が少子化などで減
少している場合、大卒者の総量は増加しないため、学歴インフレが生じ
にくいとする、人口要因に注目した研究結果もあり、日本にはこれが該
当する（Mugiyama and Toyonaga 2022）。

　「学歴インフレ」研究は長期的な趨勢に着目するが、より短期的に、
教育を修了した時点の景気動向（求人倍率などで測定する）が、就職先
や、その後の仕事経歴にどのように影響しているかに関する研究群もあ
る。たとえば日本の就職氷河期世代は、最初の「就職」において正規雇
用や大企業という有利な仕事に就ける機会が大きく減少していたが、そ
うした初期の不利さが、40代から50代という年齢層になっても、他の世
代と比べて低賃金などの「傷」として残っているということが明らかに
なっている。また、景気や企業業績が悪くなった場合、企業は女性の採
用を減らすことで対応することを示した研究もある。

　なお、量的な研究の中で近年目覚ましく発展している研究群として、
アンケート調査の中に実験的な要素を盛りこむことにより、採用に関す
る差別などを浮かび上がらせる研究（**サーベイ実験**とよばれる）がある。
たとえば、さまざまな属性をもつ応募者を調査票上で提示し、採用した
いと思うかどうかについて回答を求めるといった方法である。この方法
により、アメリカなどでの人種差別の存在や、日本における非正規雇用
への賃金差別などが明らかにされている。

　これら以外に、どのような学生時代を送ったか（学業達成、読書経験、
友人関係、課外活動、留学、インターンシップなど）が「就職」の結果
（企業特性や賃金など）にどう影響しているかに関する研究にも蓄積が
あり、また教育機関で学んだ内容と仕事内容が合致しているかどうか

（マッチングやレリバンス【☞第5章】などの概念が使われる）に関する研究も数多く取り組まれている。総じて、学習経験が豊富な学生生活を送っていたほど、また学んだ内容と仕事内容が合致しているほど、良好な「就職」や仕事経歴につながっているという結果が多いが、日本では卒業した高校や大学の威信や入試難易度の影響が大きい。

2.2 質的研究

　教育と仕事の関係に関する質的な研究は、採用への応募者や企業の採用担当者、教育機関の就職支援担当者へのインタビュー調査結果、就職情報誌、企業が発信する求人情報や人材要求に関する文書などを分析することにより、「就職」に関わる当事者たちが、どのような意味づけや意図のもとで行為しているかを明らかにしようとしてきた。なお、文書資料の場合、言葉を統計的に分析する**計量テキスト分析**が、近年特に発展しているが、こちらは量的手法に含まれる。他方で、過去に遡って文書史料等にもとづき「就職」の変容を把握する**社会史**的な研究は、質的研究の中に含まれる（福井 2016など）。

　これまでの質的研究は、「就職」の詳細なリアリティを描き出してきた（妹尾 2023、井口 2022など）。企業の採用担当者は、多数の応募者の中から自社にとって望ましいと判断する者を採用し、応募者側は応募する企業を選択するとともに採用選抜においては自らが望ましいと判断されるよう戦略的に自己呈示する。また、採用者と応募者を媒介する仕組みとして、企業情報や選抜のツールが各社会の各時代において作り上げられてきた。その仕組みは学校段階や専門分野などによって異なっている場合が多く、日本でも大卒者は自由応募が大半であるのに対し、新規高卒者は学校からの推薦にもとづく「**一人一社制**」（ある時期に生徒が応募する企業を一社に限定するルール）が支配的である。

特に日本の「新規学卒一括採用」においては、採用選考の開始日など
が全国的なルールとして定められており（それが形骸化していることに
ついての指摘は多々あるが）、限られた日程の中で大量の応募者と企業
が互いを選びあうための独特な仕組みが存在してきた。その仕組みの中
には長期的に変化するものもあれば、持続している部分もある。たとえ
ば、1990年代後半にインターネットが普及したことにより、大卒者の「就
職」において応募者と企業を結び付ける場として「就職情報サイト」が
重要な役割を果たすようになった。応募者はそのサイトに登録し、「エ
ントリーシート」を応募先企業に提出し、各企業が指定する適性テスト
を受験し、多段階にわたる面接を潜り抜けることで採用にいたる。日本
の採用選抜においては「主体性」や「コミュニケーション能力」が重視
されるとされているため、演技や虚偽も含めつつ企業から高く評価され
る人物像に沿って自己演出を行う。採用されなかった場合の解釈や、応
募企業の変更などに関して、就職活動の期間中は絶え間なく「自己分析」
を強いられることになる。採用担当者側も、採用予定人数を確保すると
ともに、採用者集団の水準と多様性を確保するために広報や選抜に大き
な労力を注ぐ。こうした「就職」において、応募者が在学する教育機関
が媒介者・支援者として重要な役割を果たす場合も多く（「**学校経由の
就職**」）、その内実についても研究の対象とされてきた（堀 2016など）。

　質的研究は、このように複雑な行為者が絡みあう「就職」過程の内実
を明らかにすることに適している。近年の展開として、国境を越えるグ
ローバルな「就職」への研究関心が高まっている。留学生など他国の出
身者が別の国で「就職」を試みる場合に、企業からの差別や過大な期待・
要求、当該国の慣例に関する情報の不足など、多くの障壁に遭遇しがち
であることが指摘されている（譚 2021）。

3. 世界の中の「就職」

　繰り返し言及してきたように、各国の教育と仕事との関係には数々の相違が見られる。主要な先進諸国を対象として、その相違を類型化して捉える試みとして、**資本主義の多様性（Variety of Capitalism: VoC）**論（「**スキル形成レジーム**」論ともよばれる）がある（Thelen 2004＝2022など）。表13－1は、VoC論の基本的な枠組みを集約して示したものである。

　VoC論の基本的な考え方は、仕事に必要なスキルを形成する責任を、

表13－1　「資本主義の多様性（VoC）」論における先進諸国の４分類

		職業訓練に対する企業の関与	
		低い	高い
職業訓練に対する政府・行政の公的な関与	高い	国家主義的スキル形成システム（Statist skill formation system） 学校における職業教育を主とし、徒弟訓練も一部で実施。 【産業特殊的スキル】 ※**スウェーデン、フランスなど**	集産主義的スキル形成システム（Collective skill formation system） 学校と徒弟訓練のデュアルシステム。 【産業特殊的スキルと企業特殊的スキルのミックス】 ※**ドイツ、デンマークなど**
	低い	自由主義的スキル形成システム（Liberal skill formation system） 学校は普通教育中心で、一定の企業内教育訓練が実施され、徒弟訓練は少数。 【一般的スキル】 ※**アメリカ、イギリスなど**	分節主義的スキル形成システム（Segmentalist skill formation system） 企業内教育訓練 【企業特殊的スキル】 ※**日本**

（本田（2019）より）

国家が学校教育制度の整備によって担うか、企業が社内での訓練によって担うかという2つの軸で捉え、それぞれの程度の高低から成る4分類に欧米と日本を位置づけるというものである。VoC論の中にもバリエーションがあり、量的分析により各類型への分化に影響した要因や帰結を探る研究や、歴史的過程をたどる研究がある。これまでの知見によれば、各国における**労働組合**の発展過程と役割、そしてどのような政治方針をもつ**政党**が優位を占めてきたかなどが類型間の分化と深く関わってきた。

　表13－1において日本は、政府が学校教育を通じた職業教育訓練の提供に積極的でなく、主に企業内の教育訓練によって人材が形成されてきた類型として位置づけられている。「新規学卒一括採用」という「就職」のあり方は、そうした日本の特殊性を表すものである。ただし、1990年代以降、今世紀にかけての日本では、企業による教育訓練への投資も減少しており、VoC論がすでにあてはまらなくなりつつあることもうかがわれる。

　VoC論以外にも、OECDが実施している「**国際成人力調査（Programme for the International Assessment of Adult Competencies: PIAAC）**」など、多国間での国際比較を可能にするデータが整備されてきており、教育、仕事、「就職」の国際比較研究が進展している。PIAACの調査結果によれば、日本は読み書き計算といった一般的スキルは世界の中でも高いものの、職場でスキルを発揮している度合いが国際的に見ても低く、修了した学歴よりも水準が低い仕事に就いている者の割合（学歴ミスマッチ）が多いことが明らかになっている。

4. 「就職」をめぐる課題

　以上、本章では、教育と仕事の接点としての「就職」が、どのような

社会的要因の中で成立しているかについて、教育社会学の研究蓄積や、国内外の状況を概観してきた。

第1節で述べたように、「就職」を研究することの難しさは、人々が教育を通じて何を身につけ、何が評価されて仕事に就き、どのようにそれぞれの仕事を遂行しているかを把握することが本質的に困難であることに由来する面が大きい。前節で述べたPIAACのような調査も、読み書き計算やICTスキルといった一般的なスキルのテストを行うに留まり、個別の専門分野や仕事のスキルを捉えることはできていない。しかも、教育も仕事も各国内・各国間で多様であり、かつ絶え間なく変化している。それでもなお、現代を生きる人々の人生にとって、教育から仕事への参入の成否はきわめて重要な意味をもつことから、複雑な諸要因を可能なかぎり取り入れ、さまざまな分析手法を駆使する形で研究が進められてきたのである。

また、現実的な課題としては、教育と仕事との間にはずれやギャップが生じがちであるということが指摘できる。巨大なシステムとしての学校教育制度は変化が遅く、技術や産業、働き方の急激な変化（たとえばAIの発展など）に追いつけない場合が多い。そして、教育が一応は公正さや平等性を原理として動いているのに対し、仕事の世界では利益の獲得が最も重視され、特定の属性をもつ者への差別や排除も生じがちである。

特に、前世紀においては効率的であるとの評価が高かった日本の「新規学卒一括採用」は、日本経済の低迷や少子高齢化の中で、機能不全が目立つようになっている。日本社会はその特異性に気づき、「他のあり方」へと踏み出せるかどうかの岐路に立っているといえる。

学習課題

以下のことを調べてみよう。
①各国における高卒者と大卒者の賃金。
②他国における「就職」がどのように行われているか。
③日本の「就職」にはどのような問題点が指摘されているか。

参考文献

本田由紀編，2018，『文系大学教育は仕事の役に立つのか——職業的レリバンスの検討』ナカニシヤ出版．
松永伸太朗・園田薫・中川宗人編著，2022，『21世紀の産業・労働社会学——「働く人間」へのアプローチ』ナカニシヤ出版．

14 | グローバル化の中の教育

額賀美紗子

《目標＆ポイント》 本章ではグローバリゼーションと教育に関する教育社会学の議論を概観する。特に日本社会に急増する移民の子どもの教育課題に焦点を当て、グローバリゼーションによる新たな要請の中で変容を求められる教育の文化と制度について検討する。

《キーワード》 グローバリゼーション、国際移動、移民、社会的公正、多文化教育

はじめに

　日本人の父親とフィリピン人の母親の間に生まれたルイは幼少期をフィリピンで過ごした。父親は日本でトラックの運転手や飲食店の従業員の仕事をかけもちし、経済的に少し余裕が出てきたのでルイが14歳になった時、彼と彼の妹、母親を日本に呼び寄せた。当時の思いについてルイは次のように語る。

　日本語全然しゃべれなくて。確かまだ14歳でしたから状況を受け入れられなくて。自慢ではないんですけどフィリピンで200人くらいのクラスの中で成績は3番目だったんです。でも日本に来て、日本の学校に入って、なんで俺が一番ばかみたいになってるんだって。それで勉強するのがめんどうくさくなったんです。今まで勉強頑張ってきたことが使えなくなっちゃった。フィリピンで全部頑張ってきたことが全部パーになっちゃって、意味ないねって思って。そのときから結構やんちゃになったんです。

第14章　グローバル化の中の教育 | **195**

　ルイのように、外国生まれの親をもち、2つ以上の国や文化のはざまに生きる**移民**の子どもたちが日本社会に近年急増している。その背景にあるのが、人の**国際移動**を促している**グローバリゼーション**という現象である。2019年、日本政府は少子高齢化に伴う労働力不足解消をめざして、外国人労働者の積極的な受け入れに舵を切った。政府は一貫して「移民」という言葉を使用することに消極的であるが、「通常居住しているのとは異なる国に1年以上居住している人」を「移民」とする国連の定義に従えば、日本にはすでに300万人を超える移民が住んでいる。今後は親の移動に伴って移民として日本に渡ってくる子どもや、移民の親をもつ日本生まれ日本育ちの子どもがいっそう増えていくことだろう。その中には、ルイのように日本国籍をもつが、日本の学校経験がなかったり、日本語を母語としなかったりする子どもも含まれる。ルイが語る来日後の困難は、多くの移民の子どもたちが経験する問題である。日本語や日本の教科内容がわからないために、学習意欲と自己肯定感を失い、未来への展望をもちにくくなる状況が生じている。国や文化のはざまに生きる子どもたちの学びと進路を保障する視点からは、これまでの日本の教育のあり方を再考する必要性が提起されている。

　本章ではまずグローバリゼーションと教育に関する教育社会学の議論を概観する。つづいて移民の子どもの教育課題に焦点を当て、グローバリゼーションによる新たな要請の中で変容を求められる教育の文化と制度について検討する。

1.　教育社会学は「グローバリゼーションと教育」をどのように議論してきたか

　グローバリゼーションは、情報通信技術の発展を背景に人・物・情報の国際移動が活性化し、国を越えた政治、経済、文化システムが拡大す

ることで国家間やそこに生活する人々の相互依存が深まっていく現象を
さす。グローバリゼーションは教育にどのような影響をもたらしている
のだろうか。

　第1に、グローバリゼーションは国を越えた教育実践の共有化を進め
て**世界教育文化**を創り出し、その影響下で各国の教育政策が標準化して
いく傾向が見られる（Spring 2014＝2023）。たとえば、特定の能力が注
目され、各国のカリキュラムに取り入れられている【☞第5章】。こう
した動向を促しているのが、**世界銀行、経済協力開発機構（OECD）、
ユネスコ**のような国際機関である。世界銀行やOECDはグローバリゼー
ションの中で国際競争力を備えた人材育成とスキル開発を掲げ、各国の
教育に大きな影響を与えている。OECDが導入した国際学力テスト
PISA【☞第8章】は日本でもよく知られているが、国ごとの点数とラ
ンキングの開示は国家間の学力競争を熾烈化させている。こうした教育
の経済的効果を主眼とする世界銀行やOECDの教育への関与について
は、教育における市民的価値観の軽視や、富裕国と途上国の格差を拡大
するとして批判の対象にもなっている。一方、これとは異なる視点をも
つのがユネスコである。ユネスコは「**持続可能な開発のための教育
（Education for Sustainable Development：ESD ）**」を掲げ、人権教育、
識字教育、生涯学習などの世界的な普及に寄与している。

　このように、世界教育文化の創出にはさまざまなアクターが関与し、
その内部には競合する価値観が見られる。この状況を注視する**文化主義
者**たちは、単一の世界教育文化があるという理論に対して批判的である。
かれらは、ある国がグローバルな教育モデルを借用する際には、そのモ
デルがローカルな人々の選択や再解釈によって変化することを重視す
る。こうした現象は教育の**グローカリゼーション**とよばれ、**教育借用**を
通じて各国の教育政策や実践は多様化しているという、世界教育文化論

とは対立する見方が提示されている。

　第2に、グローバリゼーションによって国際的な経済競争が熾烈になる中、各国が国際的な教育プログラムの開発に力をいれるようになっている。その目的はグローバルな労働市場で競争力を発揮する人材の育成であり、前述の世界銀行やOECDの提示する**教育経済モデル**を反映している。日本でも2010年代から産学官の連携によって「豊かな語学力・コミュニケーション能力や異文化体験を身につけ、国際的に活躍できる**グローバル人材**」を育成する政策が打ち出されている。その筆頭に**国際共通言語としての英語力**の獲得がある。2020年度には英語が小学校で教科化された。一方、「グローバル化への対応」として英語教育を早くから導入する根拠やその学習効果については疑問の声も多々ある。初等・中等教育段階では、グローバルに認められた学習プログラムであり、国際的な大学入学資格として認定された**国際バカロレア**（**IB**）の導入が見られ、国内の認定校を200校まで増やすことが政策課題となった。ただし、公立校を除いてIBは高額な授業料が受益者負担となっていることもあり、現状では一部の富裕層の選択肢にとどまっている。

　高等教育段階はグローバリゼーションの影響を最も強く受けているといえるだろう。各国の高等教育機関はグローバルな共通指標によって序列づけされるようになり、優秀な教員と学生の獲得をめぐって競争を激化させている。日本政府は2020年までに留学生を30万人受け入れることを掲げ（「**留学生30万人計画**」）、英語による学位プログラムの提供や海外分校の設置など、留学生を誘致するマーケティング戦略を展開した。留学生30万人計画の数値目標は達成されたものの、留学生と日本人生徒の交流、留学生への経済的・教育的支援、日本での就職【☞第13章】などについてはいまだに課題が山積している。

　第3に、グローバリゼーションは移民や**難民**の子どもたちの国際移動

を促し、受け入れ国の多文化化・多民族化を急速に推し進めている。異なる言語や慣習、宗教、行動様式をもつ子どもたちをどのように社会に統合していけばいいのか。このグローバルな課題解決のため、各国では教育の役割にいっそう注目が集まっている。

　日本では2023年時点で約12万9千人の**外国籍生徒**が小中高の公立学校に在籍している。この中には、外国に生まれ育って学齢期の途中で来日した子もいれば、日本に生まれ育って親の出身国を一度も訪問したことがない子もいるなど、外国籍の子どもたちの外国とのつながりの程度は多様である。文部科学省は**日本語指導が必要な生徒**の受け入れ状況調査を1991年から実施しており、該当する生徒数は過去15年間で約2.1倍に増えている（図14－1）。外国籍生徒の約45％が、日本語指導が必要と判断されている。母語別に見ると、ポルトガル語、中国語、フィリピノ

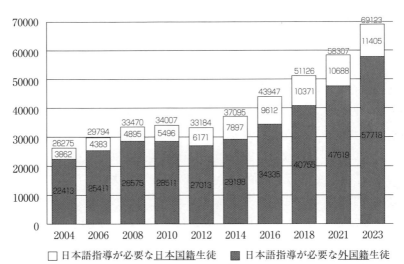

図14－1：公立学校における日本語指導が必要な児童生徒の数
（文部科学省『日本語指導が必要な児童生徒の受入状況に関する調査』より作成）

語、ベトナム語、スペイン語の順に多くなっている。日本国籍で日本語指導が必要な生徒もいる。この中には日本人の親の駐在に伴って海外に住んでいた**海外帰国生**とともに、片親が外国籍の、「ハーフ」や「ダブル」と称される**国際結婚家庭**の子どもたちが含まれる。

教育社会学では、1970年代以降に就労や結婚などの目的で海外から来日した人々を、第二次世界大戦以前から日本で生活する在日朝鮮人や在日中国人――「**オールドカマー**」――との対比で「**ニューカマー**」と称し、その子どもたちの教育課題に関する研究が進められてきた。ニューカマーが急増した契機は、日系南米人の日本滞在と就労を可能にした1990年の**出入国管理及び難民認定法**の改正である。しかし、そこから30年以上が経過し、ニューカマーの定住化が進む中で、より適切な言葉として国際的に汎用性の高い「移民」という用語が日本社会でも普及しはじめている（額賀ほか 2019）。以下では、一方または両方の親が外国出身である子どもを「移民の子ども」として、その教育課題を見ていこう。

2. 「移民の子どもと教育」についてどのようなことが明らかにされてきたか

2.1　移民の子どもの教育課題

移民の子どもの教育課題は、①日本語力、②学力、③進路、④不就学、⑤文化変容とアイデンティティの5つに整理できる。これらは相互に関連しあう課題である。

①日本語力は日本で学校生活や学習を進めていくうえで不可欠であるが、冒頭のルイの語りにも示されるように移民の子どもは日本語習得で大変な苦労をする。言語学者のカミンズ（2021）によれば、言語は**社会生活言語**と**学習思考言語**に分けられる。前者は、日常生活で使用する具体的な意味内容を示す言語で、1～2年で習得できるが、後者は生活文

脈から乖離した抽象的な思考に必要な言語で、習得には5〜6年かかる。そのため、移民の子どもの間には、日本語の日常会話には問題ないが、教科の学習ができないという様子がしばしば見られる。学習思考言語の不足は学習困難や学力不振へと結びつきやすい。

②移民の子どもの学力不振を顕著に示すのが、高校進学率や中退率である。文部科学省は日本語指導が必要な生徒の進路や中退の状況を2019年から調査するようになった。2023年の調査では、日本語指導が必要な生徒の高校進学率が90.3％と算出され、全中学生の高校進学率99.0％に比べて大きな差が確認された。さらに、日本語指導が必要な生徒の高校中退率は8.5％（全体は1.1％）である。高校に入学できても、日本語がわからない、学習についていけないといった理由で登校しなくなり、中退してしまう生徒も多い。

③進路状況についても、全高校生との間に格差が見られる。全高校生の大学等進学率は75.0％であるが、日本語指導が必要な高校生は46.6％にとどまっている。非正規就職率は全高校生の12.5倍、進学も就職もしていない割合は全高校生の1.8倍と、日本語指導が必要な生徒がいかに大学進学や正規就労で困難を経験しているかがわかる。

④**不就学**の問題は2019年から文部科学省が調査に乗り出した。2023年に実施した調査では、「就学状況が把握できない」者も含めて、小中学校に行っていない可能性のある外国籍の子どもが約8600人いることがわかった（外国籍生徒全体の約5.7％）。この問題については、後述するように外国籍生徒には**就学義務**が課されていないことが関係している。

最後に、⑤**文化変容**と**アイデンティティ**の課題である。ある国から別の国へ移動する過程には文化変容と**カルチャーショック**が伴う。特に学齢期に移動する子どもは「自分は何じんなのだろう」「自分が帰属する国はどこだろう」というアイデンティティの葛藤を経験しがちである。

そのうえ、外国人に対する**偏見**と**差別**は、移民の子どもの自己肯定感を奪っていく。日本人のクラスメートから肌の色や日本語の間違いをからかわれたり、「国に帰れ」といじめられたりする経験が、移民の子どもたちから語られている。いじめの経験もまた、学力不振、不就学や高校中退へとつながりやすい。

2.2　移民の子どもの教育課題が生じる背景

　教育社会学は、親の学歴や収入が子どもの学力や進学に影響を与えることを明らかにしてきた【☞第10章】。移民の子どもの教育課題にも、親の社会経済的地位が関係している。日本に住む移民の親の多くは高卒以下の学歴で、日本人に比べて収入の低い職業に就く傾向が見られる。このような社会経済的地位の相対的な低さに加え、移民の親の場合は日本語がわからない、日本の教育制度についての知識がないといった文化的障壁があり、子どもの宿題を手伝ったり、受験でサポートしたりといったことが難しい。また、移民の親は日本人のネットワークから疎外されやすく、社会関係を築くことにも困難を経験している。海外では大きな**移民コミュニティ**があり、移民同士がつながり助けあう様子が見られるが、日本にはまだそうしたコミュニティが少ない。つまり、移民の親の多くは**文化資本**や**社会関係資本**を十分に所有しておらず、子どもの学力や進路を支えていくのが困難な状況にあるといえる。

　しかし、移民の子どもの教育課題が生じる要因は家族にあるだけではない。日本社会が移民の親子をどのように受け入れるかということが非常に重要である。教育社会学では、受け入れ文脈の問題性がさまざまな視点から検討されてきた。

　まず、問題として指摘されたのは日本の**学校文化**と教員の**指導文化**である。日本の学校ではすべての生徒を等しく扱う**形式的平等**の理念が強

く浸透しており、移民の子どもに、同じ基準で同じことを求める「一斉共同体主義」（恒吉 1996）、移民の子どもの異なるニーズに対して「特別扱いしない文化」（志水・清水 2001）、単一言語・文化を自明として移民の子どもの多様な文化を「奪文化化」する過程（太田 2000）などが、日本の学校の支配的な文化として批判されてきた。また、教員が教室の調和的な関係性を維持するために、移民の子どもの差異を抑圧しがちであることも明らかにされてきた。こうした**同調圧力**は、移民の子どもの間にアイデンティティの葛藤を生んでいる。

　次に、教育制度の問題がある。移民の子どもが経験する学習・進学上の不利を解消するためには特別な教育支援が必要である。文部科学省は2014年から日本語指導が必要な生徒について「**特別の教育課程**」を導入し、該当生徒については個別の指導計画を作成して通常の授業時間中に取り出し指導を行えるようにした（文部科学省 2019）。しかし、担当できる教員がいない等の理由から、設置できている学校は日本語指導が必要な生徒が在籍する学校の約6割にとどまる。また、高校入試制度にも課題が見られる。移民生徒の高校進学率の低さを考慮し、一部自治体では公立高校入試で「**外国人生徒特別枠**」を設置して通常とは異なる方法と評価基準で外国人生徒の合否を判断している。これは、外国人生徒の全日制高校への進学機会を保障し、かれらが置かれた不利な社会的立場を是正するための教育的措置であり、アメリカで施行されている**アファーマティブ・アクション**に該当する。しかし、こうした特別措置は自治体間で格差が非常に大きい。どこの自治体に居住するかによって、学習や進学の機会に違いが生じている。

　さらに、就学義務が外国人に課されていないという法律上の問題がある。日本国憲法では就学義務の対象を「国民」としているため、外国籍の子どもの教育を受ける権利は恩恵として与えられている（宮島

2014）。外国籍の子どもが義務教育を受けるためには、親が役所に行って就学手続きを行う必要がある。しかし、中には日本の就学時期を知らずに手続きをしそびれてしまう親もいる。非正規滞在の親は出入国在留管理庁（入管）への通報を恐れて、役所に出向きにくい。就学義務がないので、十分な支援がないことを理由に学校が入学を断る場合も見られる。こうした状況が移民の子どもの不就学の背景にある。日本は**国際人権規約**や**子どもの権利条約**を批准しており、すべての子どもに対する初等教育の義務化を国連から勧告されているが、実現には至っていない。

　最後に、移民に対する偏見と差別が日本に住む移民の親子を生きづらくさせている。日本社会では、「日本人か外国人か」の二項対立的な考え方が強く、外国人に対しては**ステレオタイプ**とともに**スティグマ**【☞第８章】が押しつけられやすい。移民の母語や母文化は積極的に評価されない。この傾向は途上国出身の移民に対して特に強く見られ、グローバルな**人種差別**の構造を反映している。「日本人らしくないこと」に対する蔑視は、移民の親子を日本の学校や地域社会から遠ざけ、子どもの学習や進学の機会を制約している。

　このように、日本社会には移民の子どもの教育機会を阻む重層的な障壁が見られる。それらは教育の改善だけで解決する問題ではなく、法制度や社会意識の変容を要する。また、経済的に困窮する移民家族も多いことから、福祉的支援の拡充も大きな課題である【☞第15章】。

　一方で、移民の子どもたちをこうした障壁に屈する脆弱な存在として見る見方は適切ではない。教育社会学の研究では、移民の親や子どもたちが不利な立場にありながらも主体性を発揮し、母語や母文化を維持して新しい居場所を創造するなどして日本社会の偏見と差別に抵抗を見せることも明らかにされている。移民の若者の中には多言語能力や国際的な経験を活かして、グローバル企業に就職したり起業したりする者も

見られる（額賀 2019）。移民の子どもたちがもつ可能性を育てていく土壌が日本の教育と社会に求められているといえるだろう。

3. 世界の中の「移民の子どもと教育」

　移民の子どもの**社会統合**は先進諸国の喫緊の課題であり、各国はさまざまな教育政策を講じている。OECDはPISAデータをもとに移民の子どもの学力や学校への帰属意識について国際比較分析を行い、継続的な言語支援を中心とした受け入れ体制の重要性を提起している（OECD 2015＝2017）。移民の子どもの学力不振の背景には、**セグリゲーション**（不利な状況にある学校に移民生徒が集中する状態）や、早い年齢での**能力別編成**や**トラッキング**【☞第6章】があることが指摘され、これらを回避する教育政策が求められている。さらに、移民の親が直面する複合的な困難を理解し、親たちが学校や地域社会と関われるような支援や働きかけを継続していく必要性も示唆されている。

　また、移民の子どもの権利という視点からは、かれらの**母語**や**母文化**の重要性を認め、文化的多様性を尊重する教育文化と制度の再構築が提起されている。こうした教育思想は、**多文化教育**や**バイリンガル教育**として北米や欧州、豪州地域で発展してきた（Banks et al. 2005＝2006、松尾 2017、カミンズ・中島 2021）。アメリカの状況を見てみよう。

　多人種国家のアメリカでは黒人や移民の子どもの学力不振が社会問題化し、アメリカ生まれの白人の子どもとの学力差を縮めることが政策的な課題となってきた。**マイノリティ**の子どもの学力不振の原因として、まず**文化剥奪論**が登場した。これは、学校で使われる標準英語や文化的知識・慣習を、マイノリティの子どもは家庭や地域で身につけていないために学力不振に陥るという考え方である。文化剥奪論を背景に、英語の**補償教育**や就学前教育の拡充が進んだ。

しかし、こうした考え方には移民の子どもたちの能力を過小評価する**マジョリティ**の偏見が反映され、受け入れ社会に起因する問題を適切に捉えていないという批判が起こった。移民生徒の学力不振の背景には、学校教育が移民の母語や母文化を尊重せず、差別構造を温存させている問題があるという指摘である。この考え方のもとで、文化的多様性の尊重と**社会的公正**の実現をめざす多文化教育が発展していった。そこで提唱されたのは、マジョリティ中心のカリキュラムの見直し、生徒の文化的背景に配慮した指導方法、偏見と差別の解消をめざす学校文化改革などである。バイリンガル教育は広義の多文化教育の１つに位置づけられ、移民生徒の母語と英語を併用する指導方法である。母語の尊重は生徒の権利であり、英語獲得にも効果的であるという考えに立って進められている。アメリカでは多文化教育やバイリンガル教育を公教育で推進することが、国家の分裂につながるという批判も根強い。多文化教育やバイリンガル教育の支持者たちは、移民の文化や言語の尊重は生徒の学力保障に結びつき、むしろ社会の統合と活性化に寄与すると反論している。

多文化教育やバイリンガル教育は民主主義的な社会の実現のための教育として世界的な広がりを見せるが、日本ではマイノリティの権利という視点から文化的多様性を尊重する教育政策や実践はまだ不十分である。2000年代半ばから「**多文化共生**」というスローガンが国や地方自治体によって推進されたが、移民の子どもの母語や母文化に対する取り組みや、マジョリティ側に立つ日本人生徒や教師の**無意識の偏見**や差別意識を是正する働きかけはほとんどなされていない。ただし、歴史的にオールドカマーや**被差別部落**の子どもたちに対する**人権教育**が推進されてきた地域では、急増するニューカマー移民の子どもたちを包摂する政策や実践が進められてきた（山本・榎井 2023）。日本の教育を多様性に開き、社会的公正を実現していくうえで、こうした地域や学校の取り組みはおおいに参考になる。

4. 「移民の子どもと教育」をめぐる課題

　本章では、グローバリゼーションの中の教育現象の１つとして、移民の子どもの急増による学校教育の変容と課題を取り上げた。移民の子どもの包摂が世界的な教育課題となる中で、エビデンスにもとづく効果的な政策が必要とされている。ところが、日本には移民の子どもに関する十分なデータがない。最後にこの点について考えてみよう。

　まず、欧米諸国とは異なり、日本では移民の子どもに関する全国規模の量的調査【☞第３章】が限られている。先述のように、文部科学省は２年おきに「日本語指導が必要な生徒」に関する全国調査を行っているが、該当する生徒の判断方法として日本語能力テストを使用している学校は、日本語指導が必要な生徒が在籍している学校全体の２割以下である。大半の学校は「児童生徒の学校生活や学習の様子から判断している」（文部科学省 2021）。この場合、日常会話には問題がないので「日本語指導が必要」と判断されない生徒も多くいることが予想される。つまり、教員による主観的な判断基準の場合、支援の必要な生徒がとりこぼされ、暗数【☞第８章】になる可能性がある。

　また、移民の子どもの不利を考えた時に、調査対象を日本語指導が必要な生徒に絞ることは適切だろうか。日本語能力に不足がなかったとしても、移民背景があるために学力不振に陥ることは海外諸国の例からも明らかである。また、日本では、外国籍の生徒は大学進学や就職の際に在留資格の切り替えが必要であるが、学校現場ではその把握が十分でないために、生徒の進路や就職に支障が出る事態も発生している。さらに、近年は特別支援学級に移民の子どもが過剰に在籍する状況が注目されている。移民生徒の知能を測るアセスメントが生徒の母語でなされていないことや、移民生徒に対する日本人の教師や専門家の無意識の偏見が働

き、誤認が生じている可能性など複雑な要因が考えられるが、十分な調査はなされていない。これらの課題は、移民生徒たちの日本における社会的位置づけや文化に寄り添って、日本語力にとどまらないかれらのニーズを調査から見極め、対応策を講じる必要性を示唆している。

　多くの先進国と異なり、日本では「移民」という見方がそもそも定着しておらず、公式の統計データが不足するため、それらの課題は見えにくく、政策的議論の俎上にのぼりにくい。移民の子どもたちの権利を侵害しない配慮をしながら、調査の方法論を確立して精度の高いデータを収集し、政策に反映していくことが求められるだろう。教育社会学はこうした量的研究の設計に貢献する。当事者の経験に肉薄する質的研究【☞第4章】もまた移民の親や子どもたちの実態把握に欠かせず、当事者に寄り添った教育政策や実践を立案していくうえで重要である。

学習課題

①グローバリゼーションが教育にもたらしている変化について事例を1つ取り上げ、それが学校、教員、親、生徒それぞれにどのような影響を与えているかを考えてみよう。どのような社会的課題が新たに生じているだろうか。

②文部科学省の『外国人児童生徒受入れの手引き（改訂版）』を読み（HPからダウンロード可）、移民の子どもの学習や進路を保障するために現在どのような取り組みが行われているのか整理してみよう。海外の多文化教育やバイリンガル教育の視点を参照しながら、足りない視点や、今後必要となる取り組みについて考えてみよう。

参考文献

スプリング，J. 著，北村友人監訳，2023，『教育グローバル化のダイナミズム――なぜ教育は国境を越えるのか』東信堂．（Spring, J., 2014, *Globalization of Education: An Introduction* (*2nd ed.*), Routledge.）

額賀美紗子・芝野淳一・三浦綾希子，2019，『移民から教育を考える――子どもたちをとりまくグローバル時代の課題』ナカニシヤ出版．

OECD編著，布川あゆみ・木下江美・斎藤里美・三浦綾希子・大西公恵・藤浪海訳，2017，『移民の子どもと学校――統合を支える教育政策』明石書店．（OECD, 2015, *Immigrant Students at School: Easing the Journey towards Integration*, OECD Publishing.）

15 | 社会保障と教育

仁平典宏

《目標＆ポイント》 本章では、社会保障というテーマに教育がどう関係しているのか、そして教育社会学がそれをどのように捉えようとしてきたのか確認し、教育という論点に回収できない／してはいけない社会保障固有の問題系について理解を深める。

《キーワード》 生活保障システム、貧困、福祉国家、生存保障、社会モデル

はじめに

　2014年9月に千葉県銚子市である事件が起こった（宮本 2017）。県営住宅の家賃を滞納し立ち退きを命ぜられたひとり親世帯の44歳の母親が、強制執行の朝に、中学2年生の娘を無理心中を図り絞殺した。県の職員が住宅に入った時、母親は娘の頭をなでながら体育祭で活躍する娘の映像を見ていた。母親は元夫の借金の返済のために自分の名義でも金を借りており、実家とも行き来がなくなっていた。元夫の養育費の支払いが止まってから家賃を滞納するようになり、娘の公立中学校進学に際してヤミ金融から借り入れを行ったが、取り立ては苛烈で精神的にも追いつめられていった。母親は、市の給食センターでパートとして働いていたが、児童扶養手当や就学援助などを含めても月収は11〜14万円ほどだった。夏休み等で収入が極端に少ない月もあったが、上司からダブルワークは──実際はできたにもかかわらず──止められていた。家賃は県の減免制度を使えば低額にできたが知らされていなかった。行政の各部署で情報共有はなく、県の住宅局は家賃未納世帯としてしか扱わず、

明け渡し訴訟を起こした（宮本 2017：10-11）。

この事件は「教育」や「子どもの貧困」の問題なのだろうか。そう見る人もいるかもしれない。だが貧困、離婚、非正規雇用、多重債務、孤立、福祉・行政施策の不備などの要因が複合的に絡むこの事件を考えるうえで「教育」という切り口はあまりに狭い。本章では、教育社会学が社会保障や福祉というテーマに接近するうえでいかなる論点があり、どういう有効性と限界があるのか考えていきたい。

1. 社会保障というテーマと教育社会学

1.1 教育社会学と社会保障の出会い損ね

教育社会学では福祉や社会保障を中心的なテーマとした研究は近年に至るまで少なかった。その背景として次のことが考えられる。第1に、教育社会学は**機会の不平等**【☞第10章】の解明を得意としてきた。つまり特定の社会的カテゴリーが教育・地位達成に与える影響に注目し、過去・現在の条件が将来のリスクにつながるメカニズムの解明に重きをおいていた。他方で、現在の子どもや保護者の生活上の困難や疎外経験の総体をそれ自体として問題とすることは低調だった。第2に、一般的な子どもの教育保障を学校が担い、特殊・個別・多様なニーズをもった子どもを児童福祉行政が支援するという制度・政策の分業体制があったが（荒見 2020）、学問もその分業に引っ張られた。教育社会学では子ども一般に関する問題が主な対象とされ、特殊・個別・多様なニーズをもつ子どもを対象とする研究は周辺的なものと扱われたうえで、学校教育との関係で焦点化される傾向があった。

近年、教育と社会保障の連携が政策的に重視されるようになり、両者をつなげようとする研究も行われるようになってきたところである。

1.2 日本型生活保障システムと教育

　教育と社会保障の関係を考えるうえで重要なのは、社会保障を「特殊・個別・多様なニーズをもつ子ども」だけを対象にするものと考えないことである。「一般的な子ども」の教育環境も社会保障と深く関わっている。両者はコインの裏表のような関係にある。

　日本の社会保障制度の特徴として、社会保障のGDPに占める比率が、高齢者向けの年金・医療を除くと、他の先進国と比べて小さいことがあげられる。つまり子育て、就労支援、所得保障といった現役世代向けのサービスの水準が低く、所得再分配による貧困削減の効果も小さい。貧弱な社会保障制度のかわりに戦後発展したのが**日本型生活保障システム**である（大沢 2007、宮本 2009、仁平 2019aなど）。生活保障システムとは、公的な社会保障制度とさまざまな資源の組み合わせからなる生活を支える仕組みであり、日本では、（1）**メンバーシップ型雇用**（職務内容ではなく所属する会社によって待遇が決まる雇用）による終身の雇用保護を前提に、男性正社員に対して家族の生活を支える賃金と福利厚生を与える**企業福祉**、（2）性別役割分業を前提に女性を無償の家族内ケアの担い手とする**家族福祉**、そして（3）公共事業や産業政策、雇用調整助成金といった失業率を抑える擬似的な社会政策が、大きな役割を果たしてきた。その中で、男性が正社員として稼ぎ手となり、その配偶者が主婦として家庭を支えるモデルが「標準」的な生き方とされ、その限りにおいてリスクは回避できる仕組みだった。これは次の点で日本の教育システムの特徴とつながっていた。メンバーシップ型雇用では**内部労働市場**（ポストに空きがでた時同じ職場から昇進させて埋める）が前提のため、労働者の人的資本形成は企業内で行う従業員教育（**OJT**：オン・ザ・ジョブ・トレーニング）によって**企業特殊的スキル**（その企業内のみで有効なスキル）を蓄積する形で行われる【☞第13章】。そのた

め企業外の職業教育・訓練は発達せず、普通科中心の一元的な選抜システムが発展した。企業福祉の充実度は企業の規模によって変わるため、少しでも難易度の高い学校に入って安定した職を得るため、広い階層を巻き込んだ受験競争が成立した。他方で、その選抜は先進国で最悪レベルのジェンダー格差を反映する形で行われてきた【☞第11章、第12章、第13章】。

　ここにはさまざまな問題点があった。**ひとり親世帯**（特に**母子世帯**）や**非正規労働者**の世帯などにリスクが集中し、「特殊・個別・多様なニーズをもった子ども」の教育機会や卒業後のライフチャンスも限定されがちだった。1990年代以降は、**ポストフォーディズム**[1]、**グローバル化**、さらにそれを背景とした**労働の規制緩和**によって、日本型生活保障システムが揺らぎ企業福祉を得られない非正規労働者が増加した。また人間関係や生き方の選択肢の増大を示す**個人化**によって、**近代家族**【☞第2章、第11章】の自明性が揺らぎ単身世帯は増えたが、それは家族福祉の前提が崩れることを意味した。今やかつての「標準」にあてはまらないライフスタイルの人々が多数を占めている。さらに1990年代後半から行われた社会保障制度改革は、市場をモデルに社会再編を行う**新自由主義**の性格が強く、労働の規制緩和と給付と社会サービスの削減を進め、貧困や社会的排除を深刻化させていった（仁平 2019 a）。

1.3　貧困と社会的排除

　日本型生活保障システムが崩れる中で、先鋭に浮上した問題が貧困である。2000年代半ばから問題化し、2006年にはOECDの報告書の中で日本が先進諸国の中でアメリカについで貧困率が高いことが指摘された。ここで貧困とは**相対的貧困**を意味する。相対的貧困とは等価可処分所得（世帯の可処分所得を世帯人員の平方根で割って調整した所得）の

---

[1]　ポストフォーディズムは、大量生産体制とは異なり、少量少品種生産やサービス業を中心とした経済・生産構造のことであり、フレキシブルな労働力が求められるようになるため、正社員の削減が求められやすい。

中央値の半分の額の所得を得ていない状態であり、極めて厳しい状況である。

　貧困の中でも特に注目されたのが子どもの貧困であり、その貧困率は2012年には16.3％に至っていた。2021年には11.5％と改善しているが、ひとり親世帯（その大半を母子世帯が占める）の貧困率は44.5％にのぼり国際的に非常に高い水準にある。教育研究の中では、①貧困家庭の子どもが教育・地位達成において抱える不利のメカニズムの分析、②貧困状態が子ども・若者にとっていかなる経験なのかを明らかにするもの、③貧困をめぐる相互作用の分析、④貧困対策の課題の分析などが行われている。①については、量的研究としては階層の再生産メカニズム分析の一環として行われるが、家庭内の環境がいかに学びを阻害するか質的に明らかにしようとするものも多い。親に代わってきょうだいの面倒を見る子どもを指す**ヤングケアラー**の問題もこの点から捉えられる（澁谷2018）。②については、学習面の問題のみならず、貧困が健康や承認、生活満足度などさまざまな次元において子どもの**ウェルビーイング**（心身・社会的に良好な状態）に与える影響が重視される。たとえば貧困世帯の子どもは、一般世帯の子どもが持っていたり経験できたりするものを得られていないことが多い。その場合機能上の欠如にとどまらず、承認が得られずウェルビーイングが損なわれてしまう。③については、たとえば学校の中で教師がいかに貧困を捉え損ねるか分析されてきた（栗原2021）。④については教育社会学では教育分野における貧困対策が取り上げられることが多く、学校の取り組みや、近年では学習支援政策の効果が検討されることが多い。後者では学習支援の実践の中で、学力をつけさせることと居場所を提供することがジレンマに陥りやすいことや（成澤2018）、その相克を回避するためにさまざまな試みが行われていることが明らかにされている。

このように子どもの貧困研究は進んできたが、貧困の捉え方には2つの共通点があった。第1に、ライフコースを通じて貧困の影響が見られるということであり、第2に多次元的であるということである。この2つの特徴は、1990年代にヨーロッパを中心に用いられるようになった**社会的排除**という概念とも重なる。それは経済的に不足しているだけでなく、社会的・文化的にも十分参加できず、人生を通じて高いリスクが続くことに焦点を当てた概念である。その反対の概念が**社会的包摂**であり、その手段の1つとして教育が重視される（Giddens 1998＝1999）。

1.4　障害と教育

日本では、社会的養護の子ども、被差別部落の子ども、外国にルーツのある子ども【☞第14章】、性的少数者など、「特殊・個別・多様なニーズをもつ子ども」が、マジョリティ中心の教育の中で周辺化されてきた。障害をもつ子どもたちもその代表的なケースの1つである。障害のある子どもたちは戦後、さまざまな形で教育を受ける権利を妨げられてきた。実質的に学校教育を受けられるようになっても**分離教育**の方針により、養護学校や特別支援学校・教室で教育を受けることがあたりまえとされてきた。研究ではそのあり方を分析したり、その区別に抗う統合教育がどのように行われているのか質的に明らかにしたりする調査が行われてきた（堀家 2003）。

2000年代には「発達障害」のカテゴリーが新たに作られ、該当する子どもは特別支援教育の対象となった。このカテゴリーの新設はさまざまな意味をもった。それまで子どもの個性や性格と見なされていたものが、障害と診断されることで医療的な処遇の対象になる。これを**医療化**という。これによって公的な支援を受けられるようになったが、場合によっては**スティグマ**【☞第9章】が付与されることにもなった。このような

障害概念の拡張がどのように行われたのかを**社会的構築主義【☞第9章】**の観点から明らかにする研究や（木村 2015）、相互行為の中で障害がどう理解されカテゴリー化されているのかを明らかにする研究も行われている（鶴田 2018）。

　障害一般については、分離というあり方を支える知と実践の体系が批判的な研究の対象となってきた。そこでは障害学の知見によるところが大きい。障害を社会学的に捉えるうえで重要な区別は、**インペアメント**と**ディスアビリティ**である。インペアメント（impairment）とは、標準的な身体のあり方に照らした時に、「足りない」「欠けている」と医学的に判断されるものであり、ディスアビリティ（disability）とは社会生活上の不利や困難を指す。社会の環境、制度、ルールなどは障害のない人を「標準」として設計されているため、そこから離れるほど困難が増える。この区別を経たうえで、障害を捉えるうえでの2つの見方である**医学モデル**（もしくは**個人モデル**）と**社会モデル**を理解できるようになる。医学モデルは、インペアメントを医療や心理療法等によって改善することを重視し、個人の心身を社会の「標準」に近づけようとするものだ。他方で社会モデルは、ディスアビリティこそを本質的な問題と捉え、社会をよりインクルーシブな形にすることで困難を解消することを重視する。

　日本が分離教育中心だったことは、日本の障害者観が医学モデル中心であることと関連する。つまり、障害児を特別支援教育によって「標準」に近づけることをめざす。ただそれによって、障害のある子とない子の分断は再生産され、障害は不可視化されたり他者化されたりする。そのメカニズムの一端は教育社会学でも検討されてきた（志水ほか 2015）。これに対して両者が同じ場で学ぶ**インクルーシブ教育**が注目されているが、その可能性の条件に関する社会学的分析は今後に委ねられる。

2. 福祉国家の類型と再編

　社会保障体制の国際比較において、最もよく参照されてきたモデルはエスピン-アンデルセンが提唱した**福祉国家レジーム論**である（Esping-Andersen 1990＝2001）。それは先進国の社会保障制度を、脱商品化、階層化、家族化の軸で分類するものだ。「脱商品化」とは生活が市場（労働市場を含む）に依存しなくても成り立つ度合いを、「階層化」とは給付やサービスが職種や社会的階層に応じて差異化されている度合いを、「家族化」とは生活保障を家族に依存する度合いをそれぞれ指し、この指標にもとづき福祉国家を３つに分けた。**自由主義レジーム**はアングロサクソン諸国に見られ、脱商品化は低くて階層化は高く、家族化は中程度である。**保守主義レジーム**はフランスやドイツなどの西ヨーロッパに見られ、階層化と家族化は高く、脱商品化の程度はやや高い。北欧諸国に代表される**社会民主主義レジーム**では普遍主義的な社会保障制度が実現しているため脱商品化は高くて他の２つは低い。日本は脱商品化の度合いでは自由主義レジーム、階層化と家族化の度合いでは保守主義レジームに近いといわれる。日本を東アジアモデルの１つとして捉える試みもあるが、実際は内部の差異のほうが顕著であり東アジアという枠組みの有効性が疑義にさらされている。むしろ日本はイタリア、ギリシャ、スペインといった保守主義レジームの下位類型の地中海・南欧モデルの国々と近いと指摘される。これらの国でも企業と家族への依存度が高く「標準」のライフスタイルが求められる度合いが高い。20世紀後半以降のグローバル化と個人化の波はこれらすべてのレジームに再編圧力を課すことになった。それは家族や企業の流動化を進めたので、それらへの依存度が高かった国ほど対応に苦慮している。日本もその１つである。

　福祉国家再編の方向として注目されたのが教育との接合である。その

1つとして教育・訓練の役割を重視する**ワークフェア**とよばれる政策が多くの国で見られるようになる（仁平 2015）。ワークフェアとはworkとwelfareを結びつけた造語で、無条件の福祉給付を労働や社会参加の促進を目的とした条件付き給付に切り替えることで就労自立を促し、社会保障制度を立て直すことをめざすものだ。ただしこの政策の形は国によって異なる。社会保障費抑制をめざす自由主義レジームでは、教育・訓練は十分に行われない一方で、無条件の所得保障の削減が行われる。他方で社会民主主義レジームでは**アクティベーション**とよばれ、幼少期からの充実した教育を行うことを通じて、成人後も産業政策と連動させた実効的な職業訓練を効果的なものにしようとする。それによって、個人の雇用保障と経済成長を同時に達成していくことをめざす。さらに重要なのは教育・訓練と連動しない**所得保障**も手厚く、生存権も保障されていることだ。

3. 教育と社会保障の重なりと相克

　上記の再編は、後期近代のリスクの増大の中で、出生率上昇、労働力確保・向上、雇用流動化、社会的包摂など多様な課題に対して**人的資本**への投資を中心に対応しようとするものであり、それを志向する国は**社会的投資国家**とよばれることもある。しかしその帰結は上で見たとおりさまざまであり、結局貧困や社会的排除を防ぐうえで最も重要なのは教育・訓練ではなく、普遍主義的な所得保障であることがわかってきた（Esping-Andersen et al. 2002、Hemerijck 2017）。つまり教育の論理で社会保障を代替することはできない。日本でも2000年代後半から社会的投資国家を意識した社会政策が行われるようになり、保育と就学前教育の拡充、教育無償化や奨学金の拡充、児童手当の拡充、リスキル（学び直し）【☞第7章】の促進が進められるようになったが、この点を見落としてはならない。よって、教育研究の中で社会保障を捉えようとする

時も、いくつか注意すべき点がある。

　たとえば「子どもの貧困」研究に対して以下の批判が寄せられてきた。まず、「子どもの貧困」という問いの立て方は、同じ貧困状態にあるにもかかわらず子どもの貧困と大人の貧困を区別する。そのため貧困の大人に対しては「自己責任」とか「投資効果がない」といった理由で社会的支援を拒否する態度にもつながりうる（堅田 2019、田中 2023）。そもそも本章の最初の事例で見たとおり、子どもの貧困はその保護者が多重に被る社会的排除の問題にほかならず、子どもだけを取り出して対応する意味も効果も薄い。貧困を総体として捉える必要がある。さらに「学力向上による子どもの貧困からの脱却」という方向性自体が無益という批判もある。既存の分配・再分配構造を変えないかぎり、それはせいぜい貧困に陥る人を入れ替えるだけであり、貧困一般の解消にはつながらないというものだ。決定的に重要なのは無条件の**生存保障**である（教育文化総合研究所 2017、仁平 2019ｂ、山口 2020、倉石 2022）。

　後者の批判の射程は、格差の問題を機会の不平等の観点から捉えてきた教育社会学的な問いの立て方にも届く。たとえば「下に手厚い教育」が成功したとしても、分配・再分配の条件が変わらないかぎり、安定した仕事に就くための「ジョブ待ち行列」の順番が入れ替わるだけで、結果の平等の実現に直接寄与するわけではない。別言すると、たとえ世代間の階層移動における開放性／流動性が高まったとしても（機会の平等／不平等）、相対的に下位とされる職に就く人が必ず一定の割合で生み出され、その人は生活において大きなリスクを負わなければならないとしたら（**結果の平等／不平等**）【☞第10章】、それはいかなる点で望ましいといえるのだろうか。これは規範論的な問いで、これまで教育社会学では敬遠されてきたが、社会保障のテーマを扱ううえで避けられないものである【☞第9章】。

社会保障と教育の連関に関しては、規範論とは別に有効性の点からの疑義も生じている。北欧で成功してきたアクティベーションが近年機能不全に陥っているという指摘が相次いでいる。アクティベーションは製造業中心の産業構造の中で成立したモデルだが、サービス経済化や資本集約化が進む中で、教育を通じた人的資本投資が以前より就労や生産性上昇につながりにくくなっているためだ。特にAIなどの情報技術革新が雇用に与える影響は甚大だと予測されている。その中でもライフコースを通じた人的資本投資は重要だとされつつ、再分配の強化や所得保障の役割はこれまでになく高まっている（Frey 2019＝2020など）。

4. ableistic societyを越えて

障害学にはdisabling society（できなくさせる社会）という概念がある。障害とはその人自身の問題ではなく、さまざまな社会的な障壁（バリア）によって力の発揮が妨げられることが問題であり、社会を変えることでその障壁を取り除くことが必要だという考え方だ。家庭環境のせいで学業で力を発揮できないことは子ども本人でなく社会の問題だと考えることも、この考え方と共通する。その障壁を取り除き誰もが教育にアクセスできるようにするうえで、社会保障は重要な役割を果たす。

だが社会保障の役割はそれだけではない。私たちが生きる現代国家が掲げる社会権は、安定した生活を万人に保障する。しかし実際には、「教育がないと安定した生活を送れない」という不安のもとに、勉強や自己投資に駆り立てられる。それは人々の間に「序列」を作り出し所得や承認の格差を生むだけでなく、そのプレッシャーの中で競争に追われて自分や他者を傷つける事件も数多く起こってきた。こう考えると教育に駆り立てる社会もリスクではないか。障害学には、できるようになることを絶対的な価値として要求するイデオロギー（エイブリズム）に起因す

るバリアを示す**ableistic society**（できるように強いる社会）という概念もある（星加 2013）。教育社会学が属性主義との対比で暗黙のうちに擁護してきたメリトクラシー【☞第2章、第6章】の社会はableistic societyでもある。社会保障には再分配を通じて、その障壁を緩和・変革する機能も期待される。

　disabling societyとableistic societyの両方のリスクを避けるために、社会保障と教育はどういう役割を果たしているのか、教育社会学はそれをどう捉えていくのか。探求は始まったばかりである。

学習課題

以下のことを考えてみよう。
①貧困や格差の問題に対して教育でできること、できないことはそれぞれ何だろうか。
②子どもの貧困に取り組むために、行政、学校、地域社会の連携はどのように行うべきだろうか。
③機会の不平等と結果の不平等はどのような関係にあるだろうか。

参考文献

佐々木宏・鳥山まどか編, 2019,『教える・学ぶ──教育に何ができるか（シリーズ・子どもの貧困3）』明石書店.

宮本太郎, 2009,『生活保障──排除しない社会へ』岩波新書.

倉石一郎, 2018,『増補新版 包摂と排除の教育学──マイノリティ研究から教育福祉社会史へ』生活書院.

引用文献リスト（アルファベット順）

Acemoglu, D. and D. Autor, 2011, "Skills, Tasks and Technologies: Implications for Employment and Earnings," *Handbook of Labor Economics,* 4(B): 1043-1171.

アリソン，P. D. 著，太郎丸博監訳，池田裕・田靡裕祐・太郎丸博・永瀬圭・藤田智博・山本耕平訳，2021，『固定効果モデル』共立出版．（Allison, P. D., 2009, *Fixed Effects Regression Models*, SAGE Publications.）

アルチュセール，L. 著，西川長夫・伊吹浩一・大中一彌訳，2005，『再生産について──イデオロギーと国家のイデオロギー諸装置』平凡社．（Althusser, L., 1995, *Sur la reproduction*, Presses universitaires de France.）

天野郁夫，1996，『日本の教育システム──構造と変動』東京大学出版会．

────，2009，「日本高等教育システムの構造変動──トロウ理論による比較高等教育論的考察」『教育学研究』76（2）：172-184.

安藤寿康，2023，『能力はどのように遺伝するのか──「生まれつき」と「努力」のあいだ』講談社．

アップル，M. W. 著，門倉正美・宮崎充保・植村高久訳，1986，『学校幻想とカリキュラム』日本エディタースクール出版部．（Apple, M. W., 1979, *Ideology and Curriculum*, Routledge & Kegan Paul.）

荒牧草平，2019，『教育格差のかくれた背景──親のパーソナルネットワークと学歴志向』勁草書房．

荒見玲子，2020，「教育と児童福祉の境界変容」大桃敏行・背戸博史編『日本型公教育の再検討──自由，保障，責任から考える』岩波書店，179-204.

アリエス，P. 著，杉山光信・杉山恵美子訳，1980，『〈子供〉の誕生──アンシァン・レジーム期の子供と家族生活』みすず書房．（Ariès, P., 1960, *L'enfant et la vie familiale sous l'Ancien Régime*, Plon.）

バンクス，J. A. ほか著，平沢安政訳，2006，『民主主義と多文化教育──グローバル化時代における市民性教育のための原則と概念』明石書店．（Banks, J. A., C. A. M. Banks, C. E. Cortes, C. L. Hahn, M. M. Merryfield, K. A. Moodley, S. Murphy-Shigematsu, A. Osler, C. Park, W. C. Parker, 2005, *Democracy and Diversity: Principles and Concepts for Educating Citizens in a Global World,*

Center for Multicultural Education, University of Washington.）

ベック，U.，E. ベック＝ゲルンスハイム著，中村好孝・荻野達史・川北稔・工藤宏司・高山龍太郎・吉田竜司・玉本拓郎・有本尚央訳，2022，『個人化の社会学』ミネルヴァ書房．（Beck, U. and E. Beck-Gernsheim, 2002, *Individualization: Institutionalized Individualism and its Social and Political Consequences*, Sage.）

ベッカー，H. S. 著，村上直之訳，2011，『完訳 アウトサイダーズ──ラベリング理論再考』現代人文社．（Becker, H. S., [1963] 1973, *Outsiders: Studies in the Sociology of Deviance*, Free Press.）

Berman, E., J. Bound and S. Machin, 1998, "Implications of Skill-biased Technological Change: International Evidence," *The Quarterly Journal of Economics*, 113(4): 1245-1279.

バーンスティン，B. 著，潮木守一・天野郁夫・藤田英典編訳，1980，「階級と教育方法──目に見える教育方法と目に見えない教育方法」J. カラベル・A. H. ハルゼー編『教育と社会変動 上』東京大学出版会，227-260．（Bernstein, B., 1975, "Class and Pedagogies: Visible and Invisible," OECD, *Studies in the Learning Sciences*, 2.）

───── 著，久冨善之・長谷川裕・山崎鎮親・小玉重夫・小沢浩明訳，2000，『〈教育〉の社会学理論』法政大学出版局．（Bernstein, B., 1996, *Pedagogy, Symbolic Control and Identity : Theory, Research, Critique*, Taylor & Francis.）

ボウルズ，S.，H. ギンタス著，宇沢弘文訳，2008，『アメリカ資本主義と学校教育 I・II』岩波書店．（Bowls, S. and H. Gintis, 1976, *Schooling in Capitalist America*, Basic Books.）

Brand, J. E., 2023, *Overcoming the Odds: The Benefits of Completing College for Unlikely Graduates,* Russell Sage Foundation.

Breen, R. ed., 2004, *Social Mobility in Europe*, Oxford University Press.

───── and J. H. Goldthorpe, 1997, "Explaining Educational Differentials: Towards a Formal Rational Action Theory," *Rationality and Society*, 9(3): 275-305.

───── and W. Müller eds., 2020, *Education and Intergenerational Social Mobility in Europe and the United States*, Stanford University Press.

ブリントン，M. C. 著，池村千秋訳，2022，『縛られる日本人──人口減少をもたら

す「規範」を打ち破れるか』中公新書.

Brown, P., 1990, "The 'Third Wave' : Education and the Ideology of Parentocracy," *British Journal of Sociology of Education*, 11(1): 65-85.

――――, H. Lauder and D. Ashton, 2011, *The Global Auction: The Broken Promises of Education, Jobs, and Incomes*, Oxford University Press.

Busemeyer, M. R., 2015, *Skills and Inequality: Partisan Politics and the Political Economy of Education Reforms in Western Welfare States*, Cambridge University Press.

バターフィールド, H. 著, 渡辺正雄訳, 1978, 『近代科学の誕生（上・下）』講談社. (Butterfield, H., 1949, *The Origins of Modern Science: 1300-1800*, Bell and Sons.)

Chang, K. S., 2022, *The Logic of Compressed Modernity*, Polity Press.

Charles, M. and K. Bradley, 2009, "Indulging Our Gendered Selves? Sex Segregation by Field of Study in 44 Countries," *American Journal of Sociology*, 114(4): 924-976.

知念渉, 2018, 『〈ヤンチャな子ら〉のエスノグラフィー――ヤンキーの生活世界を描き出す』青弓社.

クリフォード, J., G. E. マーカス著, 春日直樹・足羽與志子・橋本和也・多和田裕司・西川麦子・和邇悦子訳, 1996, 『文化を書く』紀伊國屋書店. (Clifford, J., and G. E. Marcus, 1986, *Writing Culture: The Poetics and Politics of Ethnography*, University of California Press.)

コンリー, D., J. フレッチャー著, 松浦俊輔訳, 2018, 『ゲノムで社会の謎を解く――教育・所得格差から人種問題、国家の盛衰まで』作品社. (Conley, D. and J. Fletcher, 2017, *The Genome Factor: What the Social Genomics Revolution Reveals About Ourselves, Our History, and the Future*, Princeton University Press.)

Côté, J. E. and S. Pickard eds., 2022, *Routledge Handbook of the Sociology of Higher Education [second edition]*, Routledge.

Creswell, J. W., 2013, *Qualitative Inquiry and Research Design: Choosing among Five Approaches (3rd ed.)*, Sage Publications.

クレスウェル, J. W. 著, 抱井尚子訳, 2017, 『早わかり混合研究法』ナカニシヤ出版.

（Creswell, J. W., 2014, *A Concise Introduction to Mixed Methods Research*, Sage Publication.）

カミンズ, J. 著, 中島和子著訳, 2021, 『言語マイノリティを支える教育（新装版）』明石書店.

デンジン, N. K., Y. S. リンカン著, 平山満義・岡野一郎・古賀正義訳, 2006, 『質的研究ハンドブック 1巻――質的研究のパラダイムと眺望』北大路書房. （Denzin, N. K., and Y. S. Lincoln, 2005, *The SAGE Handbook of Qualitative Research*, SAGE.）

DiPrete, T. A. and C. Buchmann, 2013, *The Rise of Women: The Growing Gender Gap in Education and What it Means for American Schools*, Russel Sage Foundation.

土井隆義, 2008, 『友だち地獄――「空気を読む」世代のサバイバル』筑摩書房.

ドーア, R. P. 著, 松居弘道訳, 2008, 『学歴社会――新しい文明病』岩波書店. （Dore, R. P., 1976, *The Diploma Disease: Education, Qualification and Development*, University of California Press.）

デュルケム, E. 著, 田村音和訳, 1971, 『社会分業論』青木書店. （Durkheim, É., [1893] 1960, *De la division du travail social: étude sur l'organisation des sociétés supérieures*, Presses Universitaires de France.）

―――― 著, 佐々木公賢訳, 1976, 『教育と社会学』誠信書房. （Durkheim, E., 1922, *L'éducation et sociologie*, Félix Alcan.）

―――― 著, 宮嶋喬訳, 1978, 『社会学的方法の規準』岩波書店. （Durkheim, E., 1895, *Les règles de la méthode sociologique*.）

―――― 著, 宮島喬訳, 1985, 『自殺論』中央公論社. （Durkheim, É., [1897] 1960, *Le suicide: étude de sociologie*, Presses Universitaires de France.）

エスピン‐アンデルセン, G. 著, 渡辺雅男・渡辺景子訳, 2000, 『ポスト工業経済の社会的基礎――市場・福祉国家・家族の政治経済学』桜井書店. （Esping-Andersen, G., 1999, *Social Foundations of Postindustrial Economies*, Oxford University Press.）

―――― 著, 岡沢憲芙・宮本太郎監訳, 2001, 『福祉資本主義の三つの世界――比較福祉国家の理論と動態』ミネルヴァ書房. （Esping-Andersen, G., 1990, *The Three Worlds of Welfare Capitalism*, Polity Press.）

Esping-Andersen, G., D. Gallie, A. Hemerijck and J. Myles, 2002, *Why We Need a New Welfare State*, Oxford University Press.

フリック，U. 著，鈴木聡志訳，2016，『質的研究のデザイン』新曜社.（Flick, U., 2007, *Designing Qualitative Research,* SAGE Publications Ltd.）

フーコー，M. 著，田村俶訳，1977，『監獄の誕生――監視と処罰』新潮社.（Foucault, M., 1975, *Surveiller et punir : naissance de la prison*, Éditions Gallimard. ）

藤原翔，2019，「教育社会学における因果推論」『理論と方法』34（1）：65-77.

Fujihara, S. and H. Ishida, 2016, "The Absolute and Relative Values of Education and the Inequality of Educational Opportunity: Trends in Access to Education in Postwar Japan," *Research in Social Stratification and Mobility*, 43: 25-37.

———— and H. Ishida, 2024, "College is not the Great Equalizer in Japan," *Socius: Sociological Research for a Dynamic World*, 10: 1-19.

藤間公太，2020，「教育政策，福祉政策における家族主義」『教育社会学研究』106：35-54.

藤田結子・北村文編，2013，『現代エスノグラフィー――新しいフィールドワークの理論と実践』新曜社.

福井康貴，2016，『歴史のなかの大卒労働市場――就職・採用の経済社会学』勁草書房.

フレイザー，N. 著，仲正昌樹訳，2003，『中断された正義――「ポスト社会主義的」条件をめぐる批判的省察』御茶の水書房.（Fraser, N., 1997, *Justice Interruptus: Critical Reflections on the "Postsocialist" Condition*, Routledge.）

フレイ，C. B. 著，村井章子・大野一訳，2020，『テクノロジーの世界経済史――ビル・ゲイツのパラドックス』日経BP.（Frey, C. B., 2019, *The Technology Trap: Capital, Labor, and Power in the Age of Automation*, Princeton University Press.）

ガーフィンケル，H. 著，山田富秋・好井裕明・山崎敬一訳，1987，『エスノメソドロジー――社会学的思考の解体』せりか書房.（Garfinkel, H., 1967, *Studies in Ethnomethodology*, Prentice Hall.）

ガイガー，R. L. 著，原圭寛・間篠剛留・五島敦子・小野里拓・藤井翔太・原田早春訳，2023，『アメリカ高等教育史――その創立から第二次世界大戦までの学術と文化』東信堂.（Geiger, R. L., 2014, *The History of American Higher*

Education: Learning and Culture from the Founding to World War II, Princeton University Press.)

ギデンズ，A. 著，佐和隆光訳，1999，『第三の道』日本経済新聞社．(Giddens, A., 1998, *The Third Way: The Renewal of Social Democracy,* Polity.)

―――― 著，松尾精文・西岡八郎・藤井達也・小幡正敏・叶堂隆三訳，2006，『社会学　第 4 版』而立書房．(Giddens, A., 2001, *Sociology, 4th edition*, Polity Press.)

グレイザー，B. G., A. L. ストラウス著，木下康仁訳，1988，『「死のアウェアネス理論」と看護――死の認識と終末期ケア』医学書院．(Glaser, B. G., and A. L. Strauss, 1965, *Awareness of Dying*, Aldine Transaction.)

グラブ，W. N., M. ラザーソン著，筒井美紀訳，2012，「レトリックと実践のグローバル化」，ヒュー・ローダー・フィリップ・ブラウン・ジョアンヌ・ディラボー・A. H. ハルゼー編，広田照幸・吉田文・本田由紀訳，『グローバル化・社会変動と教育　1市場と労働の教育社会学』東京大学出版会，129-151.(Grubb, W. N. and M. Lazerson, 2006, *The Globalization of Rhetoric and Practice: The Education Gospel and Vocationalism*, H. Lauder, P. Brown, J-A. Dillabough and A. H. Halsey eds., *Education, Globalization, and Social Change*, Oxford University Press, 295-307.)

ガンポート，P. J. 編著，伊藤彰浩・橋本鉱市・阿曽沼明裕監訳，2015，『高等教育の社会学』玉川大学出版部．(Gumport, P. J. ed., 2007, *Sociology of Higher Education: Contributions and Their Contexts*, Johns Hopkins University Press.)

浜井浩一，2013，「なぜ犯罪は減少しているのか」『犯罪社会学研究』38：53-77.

濱中淳子，2013，『検証・学歴の効用』勁草書房．

橋本鉱市・阿曽沼明裕編，2021，『よくわかる高等教育論』ミネルヴァ書房．

橋野晶寛，2020，「地方教育政策における政治過程」『教育社会学研究』106：13-33.

Hays, S., 1998, *The Cultural Contradictions of Motherhood*, Yale University Press.

Hemerijck, A., 2017, "Social Investment and Its Critics," A. Hemerijck ed., *The Uses of Social Investment*, Oxford University Press, 3-39.

樋田大二郎・苅谷剛彦・堀健志・大多和直樹編，2014，『現代高校生の学習と進路――高校の「常識」はどう変わってきたのか？』学事出版．

樋口耕一，2020，『社会調査のための計量テキスト分析——内容分析の継承と発展を目指して 第2版』ナカニシヤ出版.

平井秀幸，2020，「犯罪学における未完のプロジェクト——批判的犯罪学」岡邊健編『犯罪・非行の社会学——常識をとらえなおす視座 補訂版』有斐閣ブックス，189-211.

平沢和司・古田和久・藤原翔，2013，「社会階層と教育研究の動向と課題——高学歴化社会における格差の構造」『教育社会学研究』93：151-191.

広田照幸，1999，『日本人のしつけは衰退したか——「教育する家族」のゆくえ』講談社現代新書.

————，2001，『教育言説の歴史社会学』名古屋大学出版会.

————，2009，『格差・秩序不安と教育』世織書房.

ハーシ，T. 著，森田洋司・清水新二監訳，2010，『非行の原因——家庭・学校・社会へのつながりを求めて』文化書房博文社.（Hirschi, T., 1969, *Causes of Delinquency*, The Regents of the University of California.）

本田由紀，2005，『多元化する「能力」と日本社会——ハイパー・メリトクラシー化のなかで』NTT出版.

————，2008，『「家庭教育」の隘路——子育てに脅迫される母親たち』勁草書房.

————，2009，『教育の職業的意義——若者、学校、社会をつなぐ』筑摩書房.

————，2011，「教育政策論」玉井金吾・佐口和郎編『現代の社会政策　1 戦後社会政策論』明石書店，179-206.

————，2019，「職業スキル形成のガバナンスをめぐる多様性——VoC論から見た日本の課題」東京大学教育学部教育ガバナンス研究会編『グローバル化時代の教育改革—— 教育の質保証とガバナンス』東京大学出版会，231-242.

————，2020，『教育は何を評価してきたのか』岩波新書.

————，2022，「高校の探究学習のテーマ設定場面における指導はいかに行われているか——会話データの分析」『教育社会学研究』111：5-24.

————・伊藤公雄編，2017，『国家がなぜ家族に干渉するのか——法案・政策の背後にあるもの』青弓社.

————・齋藤崇徳・堤孝晃・加藤真，2013，「日本の教育社会学の方法・教育・アイデンティティ」『東京大学大学院教育学研究科紀要』52：87-116.

堀家由妃代，2003，「小学校における統合教育実践のエスノグラフィー」『東京大学

大学院教育学研究科紀要』42：337-348.

堀有喜衣, 2016, 『高校就職指導の社会学——「日本型」移行を再考する』勁草書房.

保坂亨, 2009, 『"学校を休む"児童生徒の欠席と教員の休職』学事出版.

星加良司, 2013, 「社会モデルの分岐点——実践性は諸刃の剣？」川越敏司ほか編『障害学のリハビリテーション——障害の社会モデル　その射程と限界』生活書院, 20-51.

井口尚樹, 2022, 『選ぶ就活生、選ばれる企業』晃洋書房.

イリッチ, I. 著, 東洋・小澤周三訳, 1977, 『脱学校の社会』東京創元社.（Illich, I., 1970, *The Deschooling Society*, Harper & Row.）

伊佐夏実, 2022, 「難関大に進学する女子はなぜ少ないのか——難関高校出身者に焦点を当てたジェンダーによる進路分化のメカニズム」『教育社会学研究』109：5-28.

————編, 2019, 『学力を支える家族と子育て戦略——就学前後における大都市圏での追跡調査』明石書店.

石田浩・有田伸・藤原翔編, 2020, 『人生の歩みを追跡する——東大社研パネル調査でみる現代日本社会』勁草書房.

伊藤秀樹, 2017, 『高等専修学校における適応と進路——後期中等教育のセーフティネット』東信堂.

神原文子, 2004, 『家族のライフスタイルを問う』勁草書房.

金子元久, 2012, 「高等教育論」『日本労働研究雑誌』621：58-61.

カラベル, J., A. H. ハルゼー編, 潮木守一・天野郁夫・藤原英典監訳, 1980, 『教育と社会変動　上』東京大学出版会.（Karabel, J. and A. H. Halsey eds., 1977, *Power and Ideology in Education*, Oxford University Press.）

苅谷剛彦, 2009, 『教育と平等——大衆教育社会はいかに生成したか』中公新書.

————, 2019, 『追いついた近代 消えた近代——戦後日本の自己像と教育』岩波書店.

————・志水宏吉編, 2004, 『学力の社会学——調査が示す学力の変化と学習の課題』岩波書店.

堅田香緒里, 2019, 「『子どもの貧困』再考——『教育』を中心とする『子どもの貧困対策』のゆくえ」佐々木宏・鳥山まどか・松本伊智朗編『教える・学ぶ——教育に何ができるか（シリーズ・子どもの貧困3）』明石書店, 35-57.

片山悠樹，2016，『「ものづくり」と職業教育——工業高校と仕事のつながり方』岩波書店.

加藤美帆，2012，『不登校のポリティクス——社会統制と国家・学校・家族』勁草書房.

勝田美穂，2023，『教育政策の形成過程——官邸主導体制の帰結 2000～2022年』法律文化社.

川口俊明，2020，『全国学力テストはなぜ失敗したのか——学力調査を科学する』岩波書店.

Kawaguchi, D. and Y. Mori, 2016, "Why has Wage Inequality Evolved so Differently between Japan and the US?: The Role of the Supply of College-Educated Workers," *Economics of Education Review*, 52: 29-50.

河合幹雄，2004，『安全神話崩壊のパラドックス——治安の法社会学』岩波書店.

貴戸理恵，2004，『不登校は終わらない——「選択」の物語から〈当事者〉の語りへ』新曜社.

吉川徹，[2006] 2019，『学歴と格差・不平等——成熟する日本型学歴社会［増補版］』東京大学出版会.

木村涼子，1999，『学校文化とジェンダー』勁草書房.

————，2017，『家庭教育は誰のもの？——家庭教育支援法はなぜ問題か』岩波書店.

木村祐子，2015，『発達障害支援の社会学——医療化と実践家の解釈』東信堂.

キングドン，J. W. 著，笠京子訳，2017，『アジェンダ・選択肢・公共政策——政策はどのように決まるのか（ポリティカル・サイエンス・クラシックス12）』勁草書房.（Kingdon, J. W., 2011, *Agendas, Alternatives, and Public Policies* (2nd ed.), Longman.）

木下康仁，2020，『定本M-GTA——実践の理論化をめざす質的研究方法論』医学書院.

喜多村和之，1999，『現代の大学・高等教育——教育の制度と機能』玉川大学出版部.

北澤毅，2015，『「いじめ自殺」の社会学——「いじめ問題」を脱構築する』世界思想社.

小針誠，2018，『アクティブ・ラーニング——学校教育の理想と現実』講談社現代新書.

小原明恵，2023，『高等学校「現代社会」の教育課程政策と教科書の変容過程——カリキュラム改革の振り子モデルの再検討』東京大学博士学位請求論文.

児島明，2006，『ニューカマーの子どもと学校文化——日系ブラジル人生徒の教育エスノグラフィー』勁草書房.

近藤博之・古田和久，2009，「教育達成の社会経済的格差——趨勢とメカニズムの分析」『社会学評論』59（4）：682-698.

越川葉子，2017，「『いじめ問題』にみる生徒間トラブルと学校の対応——教師が語るローカル・リアリティに着目して」『教育社会学研究』101：5-25.

小山静子，2009，『戦後教育のジェンダー秩序』勁草書房.

倉石一郎，2022，「学力／アチーブメント概念の『弱さ』『受動』への転回——福祉と教育の新たな関係性を開くために」『福祉社会学研究』19：33-50.

栗原和樹，2021，「教師にとって『貧困』とはどのような問題か——貧困概念の運用と職業規範に着目して」『教育社会学研究』108：207-226.

教育文化総合研究所，2017，『貧困と子ども・学力研究委員会報告書』.

Lareau, A., 2011, *Unequal Childhood: Class, Race, and Family Life, With an Update a Decade Later*, University of California Press.

ローダー，H. ほか著，広田照幸ほか訳，2012，『グローバル化・社会変動と教育　1・2』東京大学出版会.（Lauder, H., P. Brown, J. Dillabough and A. H. Halsey eds., 2006, *Education, Globalization & Social Change*, Oxford University Press.）

リプスキー，M. 著，田尾雅夫・北大路信郷訳，1986，『行政サービスのディレンマ』木鐸社.（Lipsky, M., [1980] 2010, *Street-Level Bureaucracy: Dilemmas of the Individual in Public Services*, 30th anniversary expanded edition, Russel Sage Foundation.）

ルーマン，N. 著，村上淳一訳，2004，『社会の教育システム』東京大学出版会.（Luhmann, N., 2002, *Das Erziehungssystem der Gesellshaft*, Suhrkamp Verlag.）

Lundberg, I., R. Johnson and B. M. Stewart, 2021, "What Is Your Estimand?: Defining the Target Quantity Connects Statistical Evidence to Theory," *American Sociological Review*, 86(3): 532–565.

前田健太郎，2014，『市民を雇わない国家——日本が公務員の少ない国へと至った道』

東京大学出版会.

牧野カツ子, 2005, 『子育てに不安を感じる親たちへ——少子化家族の中の育児不安』ミネルヴァ書房.

————・渡辺秀樹・舩橋惠子・中野洋恵, 2010, 『国際比較にみる世界の家族と子育て』ミネルヴァ書房.

マンハイム, K. 著, 福武直訳, 1962, 『変革期における人間と社会』みすず書房.（Mannheim, K., 1940, *Man and Society in an Age of Reconstruction*, Routledge & Kegan Paul.）

Marginson, S., 2010, "The Confucian Model of Higher Education in East Asia and Singapore," *Higher Education*, 61: 587-611.

———— and X. Xu eds., 2022, *Changing Higher Education in East Asia*, Bloomsbury.

松尾知明, 2017, 『多文化教育の国際比較——世界10カ国の教育政策と移民政策』明石書店.

松岡亮二, 2019, 『教育格差』筑摩書房.

————編, 2021, 『教育論の新常識——格差・学力・政策・未来』中央公論新社.

Mehan, H., 1979, *Learning Lessons: Social Organization in the Classroom*, Harvard University Press.

マイヤー, J. W. 著, 清水睦美訳, 2000, 「グローバリゼーションとカリキュラム」『教育社会学研究』66：79-95.

ミルズ, C. W. 著, 鈴木広訳, 1995, 『社会学的想像力』紀伊国屋書店.（Mills, C. W., 1959, *The Sociological Imagination*, Oxford University Press.）

宮島喬, 2014, 『外国人の子どもの教育——就学の現状と教育を受ける権利』東京大学出版会.

宮本太郎, 2009, 『生活保障——排除しない社会へ』岩波新書.

————, 2017, 『共生保障——〈支え合い〉の戦略』岩波書店.

文部科学省, 2019, 『外国人児童生徒受入れの手引き（改訂版）』（2024年1月31日取得, https://www.mext.go.jp/a_menu/shotou/clarinet/002/1304668.htm）.

————, 2021, 『日本語指導が必要な児童生徒の受入状況等に関する調査結果について』.

モーガン, S. L., C. ウィンシップ著, 落海浩訳, 2024, 『反事実と因果推論』朝倉書店.

（Morgan, S. L. and C. Winship, 2014, *Counterfactuals and Causal Inference: Methods and Principles for Social Research [2nd edition]*, Cambridge University Press.）

森重雄, 1987, 「モダニティとしての教育──批判的教育社会学のためのブリコラージュ」『東京大学教育学部紀要』27：91-115.

────, 1993, 『モダンのアンスタンス──教育のアルケオロジー』ハーベスト社.

森田洋司編, 2001, 『いじめの国際比較研究──日本・イギリス・オランダ・ノルウェーの調査分析』金子書房.

────・清永賢二, 1986, 『いじめ──教室の病い』金子書房.

元森絵里子・南出和余・高橋靖幸編, 2020, 『子どもへの視角──新しい子ども社会研究』新曜社.

────・高橋靖幸・土屋敦・貞包英之編, 2021, 『多様な子どもの近代──稼ぐ・貰われる・消費する年少者たち』青弓社.

Mugiyama, R. and K. Toyonaga, 2022, "Role of Cohort Size in Trends in Class and Occupational Returns to Education at First Job," *European Sociological Review,* 38(2): 269-285.

Müller, W. and Y. Shavit, 1998, "The Institutional Embeddedness of the Stratification Process: A Comparative Study of Qualifications and Occupations in Thirteen Countries," Y. Shavit and W. Müller eds., *From School to Work: A Comparative Study of Educational Qualifications and Occupational Destinations*, Clarendon Press, 1-48.

ミュラー, J. Z. 著, 松本裕訳, 2019, 『測りすぎ──なぜパフォーマンス評価は失敗するのか？』みすず書房. （Muller, J. Z., 2018, *The Tyranny of Metrics*, Princeton University Press.）

内閣府, 2020, 『男女共同参画白書 令和2年版』.

────, 2021a, 『男女共同参画白書 令和3年版』.

────, 2021b, 『令和2年度 少子化対策に関する国際意識調査』.

中河伸俊, 1999, 『社会問題の社会学──構築主義アプローチの新展開』世界思想社.

中村高康, 2011, 『大衆化とメリトクラシー──教育選抜をめぐる試験と推薦のパラドクス』東京大学出版会.

────, 2012a, 「教育社会学の社会的使命」酒井朗・多賀太・中村高康編『よく

わかる教育社会学』ミネルヴァ書房，190-193.
―――――，2012b,「テーマ別研究動向（教育）――教育社会学的平衡感覚の現在」『社会学評論』63（3）：439-451.
―――――，2018,『暴走する能力主義――教育と現代社会の病理』ちくま新書.
―――――，2023,「選抜構造論からみた日本の教育」『現代思想』51（4）：78-87.
―――――・藤田武志・有田伸編，2002,『学歴・選抜・学校の比較社会学――教育からみる日本と韓国』東洋館出版社.
―――――・平沢和司・荒牧草平・中澤渉編，2018,『教育と社会階層――ESSM全国調査からみた学歴・学校・格差』東京大学出版会.
―――――・苅谷剛彦・多喜弘文・有海拓海，2023,「コロナ禍の教育調査とEIPM――行政と研究者の相互学習によるエビデンス形成」『教育社会学研究』112：5-29.
―――――・松岡亮二編，2021,『現場で使える教育社会学――教職のための「教育格差」入門』ミネルヴァ書房.
中西啓喜，2023,『教育政策をめぐるエビデンス――学力格差・学級規模・教師多忙とデータサイエンス』勁草書房.
中西祐子，1998,『ジェンダー・トラック――青年期女性の進路形成と教育組織の社会学』東洋館出版社.
中澤渉，2003,「教育社会学における実証研究の諸問題――教育社会学の自己反省の試み」『教育社会学研究』72：151-169.
―――――，2014,『なぜ日本の公教育費は少ないのか――教育の公的役割を問いなおす』勁草書房.
―――――・藤原翔編，2015,『格差社会の中の高校生――家族・学校・進路選択』勁草書房.
成澤雅寛，2018,「学習と居場所のディレンマ――非営利学習支援団体からみえる子どもの貧困対策の限界」『教育社会学研究』103：5-24.
仁平典宏，2015,「〈教育〉化する社会保障と社会的排除――ワークフェア・人的資本・統治性」『教育社会学研究』96：175-196.
―――――，2019a,「社会保障――ネオリベラル化と普遍主義化のはざまで」小熊英二編著『平成史【完全版】』河出書房新社，287-387.
―――――，2019b,「教育社会学――アクティベーション的転回とその外部」『教育

学年報』11：285-313.

野村駿，2023，『夢と生きる――バンドマンの社会学』岩波書店.

額賀美紗子，2003，「多文化教育における『公正な教育方法』再考――日米教育実践のエスノグラフィー」『教育社会学研究』73：65-83.

―――，2019，「フィリピン系移民第二世代の階層分化とエスニシティの日常的実践――エスニシティは上昇移動の資源か、障壁か」是川夕編『人口問題と移民――日本の人口・階層構造はどう変わるのか』明石書店，245-264.

―――・藤田結子，2022，『働く母親と階層化――仕事・家庭教育・食事をめぐるジレンマ』勁草書房.

―――・芝野淳一・三浦綾希子，2019，『移民から教育を考える――子どもたちをとりまくグローバル時代の課題』ナカニシヤ出版.

落合恵美子，2019，『21世紀家族へ――家族の戦後体制の見かた・超えかた（第4版）』有斐閣.

―――編，2013，『親密圏と公共圏の再編成――アジア近代からの問い』京都大学学術出版会.

OECD, 2023, *Education at a Glance 2020*.

尾嶋史章，2001，「研究の目的と調査の概要」尾嶋史章編『現代高校生の計量社会学――進路・生活・世代』ミネルヴァ書房，1-17.

―――・荒牧草平編，2018，『高校生たちのゆくえ――学校パネル調査からみた進路と生活の30年』世界思想社.

岡邊健，2013，『現代日本の少年非行――その発生様態と関連要因に関する実証的研究』現代人文社.

―――，2020，「犯罪・非行の公式統計――犯罪統計の読み解き方」岡邊健編『犯罪・非行の社会学――常識をとらえなおす視座〔補訂版〕』有斐閣，38-50.

―――編，2020，『犯罪・非行の社会学――常識をとらえなおす視座〔補訂版〕』有斐閣.

―――編，2021，『犯罪・非行からの離脱（デジスタンス）』ちとせプレス.

岡本英生・松原英世・岡邊健，2017，『犯罪学リテラシー』法律文化社.

岡本智周，2000，『国民史の変貌――日米歴史教科書とグローバル時代のナショナリズム』日本評論社.

大江耕太郎・大根田頼尚，2023，『教育現場で役立つ！データ活用術――データの

収集・分析・活用まで』日本評論社.

大沢真理, 2007, 『現代日本の生活保障システム——座標とゆくえ』岩波書店.

太田晴雄, 2000, 『ニューカマーの子どもと日本の学校』国際書院.

太田素子, 2007, 『子宝と子返し——近世農村の家族生活と子育て』藤原書店.

Park, H., C. Buchmann, J. Choi and J. J. Merry, 2016, "Learning Beyond the School Walls: Trends and Implications," *Annual Review of Sociology*, 42: 231-252.

パーソンズ, T., E. A. シルズ編著, 永井道雄・作田啓一・橋本真訳, 1960, 『行為の総合理論をめざして』日本評論社. (Parsons, T. and E. A. Shils eds., 1951, *Toward a General Theory of Action*, Harvard University Press.)

————, R. F. ベールズ著, 橋爪貞雄・溝口謙三・高木正太郎・武藤孝典・山村賢明訳, 2001, 『家族——核家族と子どもの社会化』黎明書房. (Parsons, T. and R. F. Bales, 1956, *Family, Socialization and Interaction Process*, Routledge.)

パール, J., D. マッケンジー著, 松尾豊監修・解説, 夏目大訳, 2022, 『因果推論の科学——「なぜ?」の問いにどう答えるか』文芸春秋. (Pearl, J. and D. McKenzie, 2018, *The Book of Why: The New Science of Cause and Effect*, Basic Books.)

ポーター, T. M. 著, 藤垣裕子訳, 2013, 『数値と客観性——科学と社会における信頼の獲得』みすず書房. (Porter, T. M., 1995, *Trust in Numbers: The Pursuit of Objectivity in Science and Public Life*, Princeton University Press.)

ポストマン, N. 著, 小柴一訳, 1985, 『子どもはもういない——教育と文化への警告』新樹社. (Postman, N., 1982, *The Disappearance of Childhood*, Delacorte Press.)

プラウト, A. 著, 元森絵里子訳, 2017, 『これからの子ども社会学——生物・技術・社会のネットワークとしての「子ども」』新曜社. (Prout, A., 2005, *The Future of Childhood: Towards the Interdisciplinary Study of Children*, Routledge.)

Rosenbaum, J. E., 1976, *Making Inequality,* John Wiley & Sons.

酒井朗編, 2007, 『進学支援の教育臨床社会学——商業高校におけるアクションリサーチ』勁草書房.

桜井厚, 2002, 『インタビューの社会学——ライフストーリーの聴き方』せりか書房.

サルガニク, M. J. 著, 瀧川裕貴・常松淳・阪本拓人・大林真也訳, 2019, 『ビット・バイ・ビット——デジタル社会調査入門』有斐閣. (Salganik, M. J., 2017, *Bit by Bit: Social Research in the Digital Age*, Princeton University Press.)

サンデル，M. 著，鬼澤忍訳，2021，『実力も運のうち——能力主義は正義か?』早川書房．（Sandel, M., 2020, *The Tyranny of Merit: What's Become of the Common Good?*, Farrar, Straus and Giroux.)

佐藤博樹・石田浩・池田謙一編，2000，『社会調査の公開データ——2 次分析への招待』東京大学出版会．

佐藤郁哉，1984，『暴走族のエスノグラフィー——モードの叛乱と文化の呪縛』新曜社．

Schofer, E. and J. W. Meyer, 2005, "The Worldwide Expansion of Higher Education in the Twentieth Century," *American Sociological Review*, 70: 898-920.

妹尾麻美，2023，『就活の社会学——大学生と「やりたいこと」』晃洋書房．

Shavit, Y. and H. P. Blossfeld eds., 1993, *Persistent Inequalities: Changing Educational Attainment in Thirteen Countrie*s, Westview Press.

————, R. Arum and A. Gamoran eds., 2007, *Stratification in Higher Education: A Comparative Study*, Stanford University Press.

柴野昌山，1989，『しつけの社会学——社会化と社会統制』世界思想社．

澁谷智子，2018，『ヤングケアラー——介護を担う子ども・若者の現実』中央公論新社．

志水宏吉，2005，『学力を育てる』岩波書店．

————・清水睦美，2001，『ニューカマーと教育——学校文化とエスニシティの葛藤をめぐって』明石書店．

————・高田一宏・堀家由妃代・山本晃輔，2015，「マイノリティと教育」『教育社会学研究』95：133-170．

————・山田哲也編，2015，『学力格差是正策の国際比較』岩波書店．

清水睦美，1998，「教室における教師の『振舞い方』の諸相——教師の教育実践のエスノグラフィー」『教育社会学研究』63：137-156．

新堀通也，1982，「教育社会学の歴史と研究領域」友田泰正編『教育社会学』東信堂，3-22．

白松賢・久保田真功・間山広朗，2014，「逸脱から教育問題へ——実証主義・当事者・社会的構成論」『教育社会学研究』95：207-249．

シム・チュン・キャット，2009，『シンガポールの教育とメリトクラシーに関する

比較社会学的研究——選抜度の低い学校が果たす教育的・社会的機能と役割』東洋館出版社.

スペクター, M., J. I. キツセ著, 鮎川潤ほか訳, 1992, 『社会問題の構築——ラベリング理論をこえて』マルジュ社.（Spector, M. and J. I. Kitsuse, 1977, *Constructing Social Problems*, Cummings Publishing.）

杉野勇・平沢和司編, 2023, 『無作為抽出ウェブ調査の挑戦』法律文化社.

杉谷和哉, 2022, 『政策にエビデンスは必要なのか——EBPMと政治のあいだ』ミネルヴァ書房.

鈴木雅博, 2022, 『学校組織の解剖学——実践のなかの制度と文化』勁草書房.

多賀太, 2016, 『男子問題の時代？——錯綜するジェンダーと教育のポリティクス』学文社.

――――編, 2011, 『揺らぐサラリーマン生活——仕事と家庭のはざまで』ミネルヴァ書房.

高橋靖幸, 2024, 『児童虐待の歴史社会学——戦前期「児童虐待防止法」成立過程にみる子ども観の変遷』勁草書房.

高山博, 1998, 『ハード・アカデミズムの時代』講談社.

武田尚子, 2009, 『質的調査データの2次分析——イギリスの格差拡大プロセスの分析視角』ハーベスト社.

竹川郁雄, 1993, 『いじめと不登校の社会学——集団状況と同一化意識』法律文化社.

竹内洋, [1995] 2016, 『日本のメリトクラシー——構造と心性【増補版】』東京大学出版会.

――――, 1997, 『立身出世主義——近代日本のロマンと欲望』NHK出版.

多喜弘文, 2020, 『学校教育と不平等の比較社会学』ミネルヴァ書房.

――――, 2023, 「日本における短期高等教育学歴と人的資本形成——就業構造基本調査を用いた短大・高専・専門学校の比較」『社会志林』69（4）：97-118.

――――・荒木啓史・森いづみ, 2022, 「『教育と階層』領域における計量的比較研究——国内外の研究をめぐる分断状況を超えて」『教育社会学研究』110：307-348.

譚君怡, 2021, 『日本高等教育における「グローバル人材」育成力——留学生の人材自己形成過程の視点から』東信堂.

田邉和彦, 2022, 「日本における性別専攻分離の形成メカニズムに関する実証的研

究——STEM－ケアの次元に着目して」『教育社会学研究』109：29-50.

田中祐児，2023，「貧困者の子どもの有無が貧困の帰責に与える影響——オンラインサーベイ実験による検討」『社会学評論』74（3）：502-518.

天童睦子編，2004，『育児戦略の社会学——育児雑誌の変容と再生産』世界思想社教学社.

————・多賀太，2016，「『家族と教育』の研究動向と課題——家庭教育・戦略・ペアレントクラシー」『家族社会学研究』28（2）：224-233.

寺沢拓敬，2014，『「なんで英語やるの？」の戦後史——《国民教育》としての英語、その伝統の成立過程』研究社.

セーレン，K. 著，石原俊時・横山悦生訳，2022，『制度はいかに進化するか——技能形成の比較政治経済学』大空社出版.（Thelen, K., 2004, *How Institutions Evolve: The Political Economy of Skills in Germany, Britain, the United States and Japan*, Cambridge University Press.）

東京大学社会科学研究所・ベネッセ教育総合研究所編，2020，『子どもの学びと成長を追う——2万組の親子パネル調査から』勁草書房.

豊永耕平，2023，『学歴獲得の不平等——親子の進路選択と社会階層』勁草書房.

Treiman, D. J., 1970, "Industrialization and Social Stratification," *Sociological Inquiry*, 40（Spring）: 207-234.

トロウ，M. 著，天野郁夫，喜多村和之訳，1976，『高学歴社会の大学——エリートからマスへ』東京大学出版会.

———— 著，喜多村和之監訳，2000，『高度情報社会の大学——マスからユニバーサルへ』玉川大学出版部.

塚原修一，2003，「教育政策と評価のダイナミズム」『教育社会学研究』72：5-20.

恒吉僚子，1996，「多文化共存時代の日本の学校」堀尾輝久ほか編『学校文化という磁場』柏書房，215-240.

鶴田真紀，2018，『発達障害の教育社会学——教育実践の相互行為研究』ハーベスト社.

筒井淳也，2023，「数字を使って何をするのか——計量社会学のゆくえ」北田暁大・岸政彦編『理論・方法（岩波講座 社会学 第1巻）』岩波書店，51-71.

内田良，2009，『「児童虐待」へのまなざし——社会現象はどう語られるのか』世界思想社.

打越正行, 2019, 『ヤンキーと地元』筑摩書房.

植上一希, 2011, 『専門学校の教育とキャリア形成——進学・学び・卒業後』大月書店.

上野加代子, 1996, 『児童虐待の社会学』世界思想社.

Van de Werfhorst, H. G. and J. J. B. Mijs, 2010, "Achievement Inequality and the Institutional Structure of Educational Systems: A Comparative Perspective," *Annual Review of Sociology*, 36: 407-428.

ヴェンカテッシュ, S. A. 著, 望月衛訳, 2009, 『ヤバい社会学——一日だけのギャング・リーダー』東洋経済新報社.（Venkatesh, S. A., 2008, *Gang Leader for a Day: A Rogue Sociologist Takes to the Streets*, Penguin.）

渡辺秀樹, 1999, 「戦後日本の親子関係——養育期の親子関係の質の変遷」目黒依子・渡辺秀樹編『講座社会学 2家族』東京大学出版会, 89-118.

渡邉雅子, 2004, 『納得の構造——日米初等教育に見る思考表現のスタイル』東洋館出版社.

————, 2023, 『「論理的思考」の文化的基盤——4つの思考表現スタイル』岩波書店.

ウェーバー, M. 著, 世良晃志郎訳, 1960, 『支配の社会学』創文社.（Weber, M., 1956, *Wirtschaft und Gesellschaft*, Grundriss der verstehenden Soziologie, vierte, neu herausgegebene Auflage, besorgt von Johannes Winckelmann, erster Teil, Kapitel IX. Soziologie der Herrschaft.）

———— 著, 清水幾太郎訳, 1972, 『社会学の根本概念』岩波書店.（Weber, M., 1922, "*Soziologische Grundbegriffe*", *Wirtschaft und Gesellschaft*, J. C. B. Mohr.）

Woods, P., 1977, "Teaching for Survival," P. Woods and M. Hammersley eds., *School Experience : Explorations in the Sociology of Education*, Croom Helm, 271-293.

Xie, Y., M. Fang and K. Shauman, 2015, "STEM Education," *Annual Review of Sociology*, 41: 331–357.

山田哲也監修, 松田洋介・小澤浩明編, 2022, 『低所得層家族の生活と教育戦略——収縮する日本型大衆社会の周縁に生きる』明石書店.

山口智美・斉藤正美, 2023, 『宗教右派とフェミニズム』青弓社.

山口毅, 2000, 「『いじめ』の問題経験とクレイム」『犯罪社会学研究』25：123-134.

————, 2020,「生存保障への教育社会学的アプローチの失敗——逸脱の政治パースペクティヴによる規範的考察」『教育社会学研究』106：99-120.

山本晃輔・榎井縁, 2023,『外国人生徒と共に歩む大阪の高校——学校文化の変容と卒業生のライフコース』明石書店.

山本雄二, 1996,「言説的実践とアーティキュレイション——いじめ言説の編成を例に」『教育社会学研究』59：69-88.

山崎明子, 2023,『「ものづくり」のジェンダー格差——フェミナイズされた手仕事の言説をめぐって』人文書院.

矢野眞和, 2023,『今に生きる学生時代の学びとは——卒業生調査にみる大学教育の効果』玉川大学出版部.

————・濱中淳子・小川和孝, 2016,『教育劣位社会——教育費をめぐる世論の社会学』岩波書店.

————・濱中義隆・浅野敬一編, 2018,『高専教育の発見——学歴社会から学習歴社会へ』岩波書店.

横山広美, 2022,『なぜ理系に女性が少ないのか』幻冬舎新書.

米川茂信, 1995,『学歴アノミーと少年非行』学文社.

ヤング, M. F. D. 著, 大田直子監訳, 2002,『過去のカリキュラム・未来のカリキュラム——学習の批判理論に向けて』東京都立大学出版会.（Young, M. F. D., 1998, *The Curriculum of the Future: From the 'New Sociology of Education' to a Critical Theory of Learning*, Falmer Press.）

Young, M. F. D. ed., 1971, *Knowledge and Control: New Directions for the Sociology of Education*. Collier-Macmillan.

湯川やよい, 2014,『アカデミック・ハラスメントの社会学——学生の問題経験と「領域交差」実践』ハーベスト社.

索 引

●配列は五十音順、＊は人名を示す。欧文は末尾にまとめた。

●あ　行

アイデンティティ　200
アクション・リサーチ　22,62
アクター　115
アクティブ・ラーニング　76,82
アクティベーション　217,219
アクレディテーション　110
アジェンダ　115
アスピレーション　34
新しい教育社会学　18,73
厚い記述　60
圧縮近代　36
「圧縮された近代」「半圧縮近代」論　178
アップル＊　73,114
アノミー　128,129,134
アビトゥーア　94
アファーマティブ・アクション　202
アリエス＊　29
アルチュセール＊　17
アンケート（質問紙調査）　40
暗数　137,206
家（イエ）　154
医学モデル　215
異議申し立て　→クレイム申し立て
育児言説　159
育児戦略　159
育児不安　156
いじめ　126,135,136,137
イシュー　116
一次データ　55
一次分析　45
1条校　99
一望監視装置　→パノプティコン
逸脱　127

一般的スキル　183
遺伝　150
移民　195
移民コミュニティ　201
イリイチ＊　37
医療化　214
因果関係　44
因果ダイアグラム　49
インクルーシブ教育　215
インターセクショナリティ（交差性）　170
インタビュー　57
インタビューガイド　61
インタビューデータ　56
インフォームド・コンセント　67
インペアメント　215
ウェーバー＊　13,114
ウェルビーイング　213
内側から（emic）　57
エスノグラフィー　60
エスノメソドロジー　19,61
エスピン-アンデルセン＊　17,216
エビデンス　119
エミール・デュルケム　→デュルケム＊
エリート選抜　104
エリート段階　102
エンパワメント　62
大きな物語　37
オートエスノグラフィー　60
オールドカマー　199
オールドボーイズネットワーク　170
オントロジカル・ゲリマンダリング　134

●か　行

界　14

海外帰国生　199
回帰分析　45
外国人生徒特別枠　202
外国籍生徒　198
外国にルーツのある子ども　214
解釈　128
解釈主義　→解釈的アプローチ
解釈的アプローチ（解釈主義）　18,57
階層　153
階層化　148
階層文化　183
外的妥当性　52
外部労働市場　184
会話分析　62
科学革命　26
核家族　154
格差　20
学習支援　213
学習思考言語　199
学習指導要領　69,72
学習理論　129
各種学校　99
学制　25
学力　20
学力社会　87
学歴　20,32
学歴インフレ　186
学歴下降回避仮説　146
学歴社会　33,87
学歴主義　183
隠れたカリキュラム　64,73,171
影の教育　150
仮説検証型　42,57,144
仮説生成型　42,57
家族福祉　211
価値自由　132

学校外教育費　160
学校化社会　37
学校・学級・個人レベル　116
学校基本調査　46
学校経由の就職　189
『学校幻想とカリキュラム』　73
学校推薦型選抜　92
学校文化　63,201
学校歴　→ヨコの学歴
葛藤理論　72,89
家庭教育　157
家父長制　156,169
下方婚　175
カリキュラム　72
カルチャーショック　200
観察されない個人の異質性　49
感情中立性　132
官邸主導　117
官僚制　114
キー・コンピテンシー　78,94
機械学習　42
機会の平等　28,218
機会の不平等　141,210,218
機会費用　186
企業特殊的スキル　183,211
企業福祉　211
技術的機能主義　17,77,182
記述統計　43
規制緩和　212
規制・制限　115
ギデンズ*　14
機能主義　32,129
規範　27,127,128
規範学　15
帰無仮説　44
逆機能　127

客観主義 128
客観性 66
キャッチアップ型近代化 35
教育アスピレーションの加熱 88
教育アスピレーションの冷却 88
教育格差 139
教育拡大 25,34,36
教育過剰 186
教育機会の不平等 140
教育経済モデル 197
教育借用 196
教育人口の変動 184
教育する家族 153
教育政策 185
教育制度の構造 184
教育的な社会学 （educational sociology）
　15
教育という神話 114
『教育と社会学』 16
「教育の福音」論 79
教育臨床の社会学 22
教育を対象とする社会学（sociology of
　education） 15
教師文化 63
教職課程 22
教職のための教育社会学 22
業績主義 →メリトクラシー
業績主義社会 87
業績の原理 →メリトクラシー
競争試験 93
共分散 43
規律訓練権力 25,30,114
規律訓練装置 17
近代化 25,26,27,33,35,85,136
近代家族 29,154,212
近代国家 27

ギンタス* 16
緊張（strain）理論 129
国レベル 116
グラウンデッド・セオリー・アプローチ
　（GTA） 61
クラスサイズ 118
クレイム（異議）申し立て 133
グローカリゼーション 196
グローバリゼーション →グローバル化
グローバル・オークション 79
グローバル化（グローバリゼーション）
　16,17,78,114,195,212
グローバル・シティズンシップ教育 78
グローバル人材 197
軍国主義 34
訓練可能性 182
ケア 169
ケアの倫理 166
ケアリング・マスキュリニティ 170
経験主義教育 71,75
傾向スコアマッチング 50
経済協力開発機構（OECD） 114,196
形式的平等 201
系統学習 75
計量テキスト分析 41,188
計量的モノグラフ 42
劇場理論（ドラマツルギー） 131
結果 44
結果の平等 218
結果の不平等 141,218
血統の原理 86,140
原因 44
研究者の特権 62
研究倫理審査 67
現象学 57
権力 17

行為の再帰的モニタリング　14

効果の異質性　150

効果や影響　115

後期近代　37

後期近代論　19

工業化（産業化）　16

高校間の格差構造　91

高校入試　92

交差性　→インターセクショナリティ

公正な教育方法　80

構造化理論　14

構造機能主義　13,155

高卒無業者　20

高大接続改革　95

構築主義　128,133

公的セクター　105

公的統計　46,137

行動観察データ　41

高等教育研究　100

後発近代化　34,35

後発効果　35

後発性　25,34

合法的支配　114

合理化　27

合理性　25

合理性の神話　33

合理的選択理論　146

コーディング　40

国際移動　195

国際共通言語としての英語力　197

国際結婚家庭　199

国際人権規約　203

国際成人力調査（Programme for the International Assessment of Adult Competencies: PIAAC）　191

国際バカロレア（IB）　197

国民国家　16,78

国民史　80

個人化　17,212

個人モデル　215

子育て　211

子育てと就労の両立支援　165

子育ての社会化　166

国家　17

国家のイデオロギー装置　17

ゴッフマン*　131

固定効果モデリング　49

子ども中心主義　154

子どもの権利条約　203

子どもの貧困　213,218

個票データ　46

コミュニティ・カレッジ　105

孤立　210

根拠にもとづく政策立案（EBPM）　22,50,119

混合研究法　63

混合効果モデリング　49

●さ　行

サーベイ実験　50,174,187

再帰的近代　37

再現性　40,66

最頻値　43

再分配　220

在留資格　206

サザーランド*　129,130

サバイバル・ストラテジー　74

差別　201

参加型アクション・リサーチ　62

産業化　→工業化

産業革命　26

産業化命題　17,89,143

三歳児神話　156

参与観察　57

ジェンダー　95,153,169

ジェンダー開発指数（GDI）　176

ジェンダー格差　212

ジェンダー規範　33

ジェンダーギャップ指数（GGI）　176

ジェンダー・コード　171

ジェンダー・ステレオタイプ　170

ジェンダー・トラック　171

ジェンダー・バイアス　73

ジェンダー・バックラッシュ　170

ジェンダー不平等指数（GII）　176

ジェンダー分化　64

資格試験　93

資格社会　87

資格職　172

シグナリング理論　182

資源を配分　115

自己再帰性（リフレクシビティ）　58

自殺　126,128,136

事実学　15

自然実験　50

持続可能な開発のための教育（Education for Sustainable Development: ESD）　196

持続する不平等　148

自治体レベル　116

しつけ　156

実験　44

実証主義　128,129

実証主義的アプローチ　18

実践意識　14

質的研究　185

質的データ　55

質問紙調査　→アンケート

シティズンシップ教育　78

私的セクター　105

児童虐待　134,137

指導文化　201

資本主義　16,30

「資本主義の多様性」論（「Variety of Capitalism: VoC)」論、「スキル形成レジーム」論）　16,190

市民革命　26

市民社会　16

社会移動研究　→社会階層論

社会化　16,27,155

社会階層論（社会移動研究）　76,142

社会解体　129

社会学的想像力　14

『社会学的方法の規準』　13

社会関係資本　16,201

社会史　188

社会システム　13

社会生活言語　199

社会的行為　13

社会的公正　205

社会的構築主義　133,215

社会的コントロール理論　130,135

社会的再生産論　146

社会的事実　13,127

社会的投資国家　217

社会的排除　212,214

社会的包摂　214

社会的養護　214

社会統合　204

社会に開かれた教育課程　82

『社会の教育システム』　114

社会民主主義レジーム　216

社会モデル　215

社会問題　127

就学義務　200

就学率　31
集計データ　46
自由主義レジーム　216
就職氷河期世代　185
従属変数　44
集団主義　35
縦断調査　→パネル調査
柔軟な専門性　77
就労支援　211
主観的意味づけ　56
受験競争　35,36,212
主体　30
出身階層　142
出入国管理及び難民認定法　199
守秘義務　67
障害　215
障害者への配慮　95
省察　132
少子化　185
承認　213
少年犯罪　134,135
消費社会化　16
情報化　16
上方婚　175
助教法　30
職業教育　212
職業教育主義　79
職業的特殊性　148
職業的レリバンス　77
女性学　170
女性差別撤廃条約　178
所得再分配　211
所得保障　211,217
ジョン・キングダン*　115
ジョン・W・マイヤー　→マイヤー*
ジルー*　73

新学力観　76
新規学卒一括採用　181
人権　26
人権教育　205
人口政策　185
新自由主義　37,122,212
人種差別　203
新制度学派　107
新中間層　32,36
人的資本　217
人的資本論　32,183
信頼区間　44
信頼性　137
推測統計　43
「スキル形成レジーム」論　→「資本主義
　　の多様性」論
スキル偏向的技術進歩　17,109,186
スクリーニング理論　182
スティグマ　131,203,214
ステレオタイプ　203
ストーカー　126,127
ストラテジー　64
ストリートレベルの官僚制　116
生活給　106
生活世界　56
生活単元学習　75
政策科学　115
政策科学のための教育社会学　22
政策起業家　115
政策決定過程　115
政策実施過程　115
政策の窓　115
政治主導　117
生存保障　218
政党　191
生徒文化　63

性犯罪　170

性別職域分離　171

性別専攻分離　108,172

性別役割分業　154,169

世界教育文化　196

世界銀行　196

世界大学ランキング　108

セクシュアル・ハラスメント　170

セクシュアル・マイノリティ　170

セグリゲーション　204

世俗化（脱宗教化）　113

絶対的価値　149

セレクティブ・サンクション　131

世論　118

専業主婦　155

前近代　28,85

全国学力・学習状況調査　51

潜在クラス分析　50

全数調査　43

選択的夫婦別姓　178

選抜構造　94

選抜・配分　27

選抜・配分装置　87

相関係数　43

総ケア提供モデル　165

総合型選抜　92

総合制中等教育　92

総合的な学習の時間　76

相互行為　131,134,135,215

相対的価値　149

相対的貧困　212

相対的リスク回避（RRA）仮説　146

層別競争移動　91

属性主義　28,86,141,220

属性要因　141

ソフト・アカデミズム　22

ソフト・アカデミズムの教育社会学　22

●た　行

対応原理　16,73,182

対応分析　50

退学　93

大学入学者選抜制度　93

大学紛争　101

対立仮説　44

確かな学力　76

他者理解　64

立場性（ポジショナリティ）　58

脱学校論　37

脱宗教化　→世俗化

脱商品化　216

タテの学歴　144

妥当性　66,137

多文化教育　80,204

多文化共生　205

多変量解析　45

探究学習　76,82

男性学　170

男性稼ぎ手モデル　106,165,169

男性性・女性性　170

単線型　92

地域格差　95

地位達成　210

チーム・エスノグラフィー　60

知識経済　78

知識の階層化　72

チャータリング　110

中央値　43

紐帯　130

中和　130

調査協力者　57

調査者自身が調査の道具立て　58

ディスアビリティ　215
データアーカイブ　46
データに語らせる　57
データベース　46
デジタル・アーカイブ　56
徹底した母親業　162
デューイ*　75
デュルケム*　13,27,113,127
寺子屋　28
伝統　25,36,128
同化　64
統計的因果推論　49
統計的仮説検定　44
同性婚　178
到達階層　142
同調圧力　202
『道徳教育論』　16
同類婚　175
ドーア*　35
特別支援学校　214
特別支援教育　215
特別の教育課程　202
匿名化　46
匿名性　67
独立変数　44
都市下層　33
トライアンギュレーション　63
トラッキング　47,88,171,204
ドラマツルギー　→劇場理論
トロウ・モデル　102

●な　行

内的妥当性　52
内部労働市場　184,211
ナショナリズム　36,78,80,157
納得の構造　81

ナラティブ・アプローチ　60
難民　197
ニクラス・ルーマン　→ルーマン*
二次データ　55
二次分析　45
『21世紀の資本』　16
日本型雇用慣行　106
日本型生活保障システム　107,211
日本語指導が必要な生徒　198
ニューカマー　20,199
入試　20
農村　34
能力主義　→メリトクラシー
能力の原理　→メリトクラシー
能力別編成　204

●は　行

ハーシ*　130
パーソンズ*　13
ハード・アカデミズム　22
ハード・アカデミズムの教育社会学　23
パートタイム学生　106
バーンスティン*　74,114
背後仮説　132,150
排除　64
ハイパー・メリトクラシー化　87
バイリンガル教育　204
バカロレア　94
バジル・バーンスティン　→バーンスティン*
パターン変数　86
バックドア基準　49
発達障害　214
パネル調査（縦断調査）　49
パノプティコン（一望監視装置）　30
ハビトゥス　14

範囲　43	ブルデュー＊　14
藩校　28	文化資本　16,146,160,182,201
半構造化インタビュー　61	文化主義者　196
東アジア　216	分化的機会構造論　129
ピケティ＊　16	文化的再生産論　182
非行　126,134	分化的接触理論　129
非行サブカルチャー　129	分化的同一化　130
被差別部落　205,214	文化剥奪論　204
非正規雇用　155,210	文化変容　200
非正規労働者　212	分岐型（複線型）　92,148
ビッグデータ　41	分散　43
一人一社制　188	分離教育　214
ひとり親世帯　212	分類　74
批判　128	ペアレントクラシー　157
批判的教育学　73	平均値　43
標準化　41,148	ヘゲモニック・マスキュリニティ　170
標準誤差　44	ペダゴジーの社会学　74
標準偏差　43	ベッカー＊　131
標本　43	ベック＊　19
標本誤差　43	偏見　201
標本調査　43	ベンサム＊　30
漂流　130	方法論的個人主義　13
貧困　20,210,211,212,213	ボウルズ＊　16
フィールドノーツ　56	母語　204
フィールドワーク　60	ポジショナリティ　→立場性
フーコー＊　17,114	母子世帯　212
フェミニズム　169	母集団　43
福祉国家　37	保守主義レジーム　216
福祉国家レジーム　216	補償教育　204
福祉レジーム論　17	ポスト近代型能力　87
複線型　→分岐型	ポストフォーディズム　212
不就学　200	母性神話　154
不登校　20,136	母文化　204
部分的真実　58	ホモソーシャリティ　170
『フランス教育思想史』　16	ポリティカル・コレクトネス　179
フリーター　20	ボローニャ・プロセス　108

本質主義　169

●ま　行

マートン*　129

マイケル・アップル　→アップル*

マイケル・リプスキー*　116

マイノリティ　204

マイノリティの声　64

マイヤー*　33,78,114

マジョリティ　205

マス選抜　92,104

マス段階　102

マックス・ウェーバー　→ウェーバー*

マッチング　188

間引き　29

マリウス・ブーゼマイヤー*　121

マルチサイテッド・エスノグラフィー　60

マルチレベル分析　49

マンハイム*　86

マンパワー政策　104

見えない教育方法（ペダゴジー）　74

見える教育方法（ペダゴジー）　74

ミシェル・フーコー　→フーコー*

密室育児　156

ミルズ*　130

民主主義　37

無意識のジェンダー・バイアス　170

無意識の偏見　205

無作為抽出　→ランダムサンプリング

メカニズム　146

メリトクラシー（能力の原理、業績の原理、
　能力主義、業績主義）　28,87,140,141,220

メリトクラシーの再帰性　87

メンバーシップ型雇用　211

メンバーチェッキング　66

目標や方針　115

ものづくり　77

問題解決学習　75

●や　行

ヤンキー　135

ヤングケアラー　213

有意水準　44

有害な男性性　170

ゆとり教育　76

ユニバーサル段階　103

ユネスコ　196

養護学校　214

抑制理論　130

ヨコの学歴（学校歴）　144

●ら　行

ライフストーリー　61

ライフヒストリー　60

ラベリング理論　130,133

ラポール　60

ランダム化比較試験（RCT）　49

ランダムサンプリング（無作為抽出）　43

理解社会学　13,57

リカレント教育　106

離婚　210

立身出世　25,32,34,36

理念型　102

リフレクシビティ　→自己再帰性

留学生　197

留学生30万人計画　197

留年　93

良妻賢母　155

量的研究　185

量的データ　41

臨床　65

ルーマン*　14,114

レジーム論　178
レリバンス　188
労働組合　191
労働市場の構造　184
労働市場の二重構造　184
労働市場や産業の変動　185
労働者階級　72
労働政策　185
6-3-3-4制　99
ログリニア分析　50
論理的思考　81

●わ　行

ワークフェア　217
枠付け　74

●欧　文

ableistic society　220
disabling society　219
EBPM　→根拠にもとづく政策立案
Education for Sustainable Development　→持
　続可能な開発のための教育
educational sociology　→教育的な社会学
emic　→内側から
ESD　→持続可能な開発のための教育
e-Stat　46
GDI　→ジェンダー開発指数

GGI　→ジェンダーギャップ指数
GII　→ジェンダー不平等指数
GTA　→グラウンデッド・セオリー・アプ
　ローチ
IB　→国際バカロレア
IRE連鎖　65
＃MeToo　170
OECD　→経済協力開発機構
OEDトライアングル　142
OJT　211
PBEM　119
PIAAC　→国際成人力調査
PISA　47,78,114,178
PISA学力調査　→PISA
Programme for the International Assessment of
　Adult Competencies　→国際成人力調査
RCT　→ランダム化比較試験
RRA仮説　→相対的リスク回避仮説
sociology of education　→教育を対象とす
　る社会学
SSM調査　144
STEM　108
strain理論　→緊張理論
「Variety of Capitalism」論　→「資本主義
　の多様性」論
「VoC」論　→「資本主義の多様性」論

分担執筆者紹介

仁平　典宏（にへい・のりひろ）　・執筆章→第2・9・15章

1975年　茨城県に生まれる
2004年　東京大学大学院教育学研究科博士課程修了
現在　　東京大学大学院教育学研究科教授・博士（教育学）
専攻　　社会学
主な著書　『「ボランティア」の誕生と終焉──〈贈与のパラドックス〉の知識社会学』名古屋大学出版会
　　　　『教育学年報』11～15（共編著）世織書房
　　　　『平成史［完全版］』（共著）河出書房新社

額賀　美紗子（ぬかが・みさこ）　・執筆章→第4・11・14章

2002年　東京大学大学院教育学研究科修士課程修了
2008年　カリフォルニア大学社会学部博士課程修了
現在　　東京大学大学院教育学研究科教授・Ph.D.（社会学）
専攻　　教育社会学・比較教育学・異文化間教育学
主な著書　『越境する日本人家族と教育──「グローバル型能力」育成の葛藤』勁草書房
　　　　『移民から教育を考える──子どもたちをとりまくグローバル時代の課題』（共編著）ナカニシヤ出版
　　　　『日本社会の移民第二世代──エスニシティ間比較でとらえる「ニューカマー」の子どもたちの今』（共著）明石書店
　　　　『働く母親と階層化──仕事・家庭教育・食事をめぐるジレンマ』（共著）勁草書房

多喜　弘文（たき・ひろふみ）

・執筆章→第3・7・10章

1982年	京都府に生まれる
2011年	同志社大学大学院社会学研究科博士課程修了
現在	東京大学大学院教育学研究科准教授・博士（社会学）
専攻	教育社会学・社会階層論・高等教育・比較社会学
主な著書	『学校教育と不平等の比較社会学』ミネルヴァ書房

The Economics of Marginalized Youth: Not in Education, Employment, or Training Around the World（共編著）Routledge

編著者紹介

本田　由紀（ほんだ・ゆき）
・執筆章→第8・12・13章

1964年	徳島県に生まれる
1994年	東京大学大学院教育学研究科博士課程単位取得退学
現在	東京大学大学院教育学研究科教授・博士（教育学）
専攻	教育社会学
主な著書	『多元化する「能力」と日本社会』NTT出版
	『「家庭教育」の隘路』勁草書房
	『教育は何を評価してきたのか』岩波新書

中村　高康（なかむら・たかやす）
・執筆章→第1・5・6章

1967年	神奈川県に生まれる
1996年	東京大学大学院教育学研究科博士課程単位取得満期退学
現在	東京大学大学院教育学研究科教授・博士（教育学）
専攻	教育社会学
主な著書	『大衆化とメリトクラシー――教育選抜をめぐる試験と推薦のパラドクス』東京大学出版会
	『暴走する能力主義――教育と現代社会の病理』ちくま新書
	『大学入試がわかる本――改革を議論するための基礎知識』（編著）岩波書店
	『現場で使える教育社会学――教職のための「教育格差」入門』（共編著）ミネルヴァ書房
	『教育と社会階層――ESSM全国調査からみた学歴・学校・格差』（共編著）東京大学出版会

放送大学教材　1720120-1-2511（テレビ）

新訂　教育の社会学

発　行　2025年3月20日　第1刷
編著者　本田由紀・中村高康
発行所　一般財団法人　放送大学教育振興会
　　　　〒105-0001　東京都港区虎ノ門1-14-1　郵政福祉琴平ビル
　　　　電話 03（3502）2750

市販用は放送大学教材と同じ内容です。定価はカバーに表示してあります。
落丁本・乱丁本はお取り替えいたします。

Printed in Japan　ISBN978-4-595-32501-4　C1337